www.ingramcontent.com/pod-product-compliance
Lightning Source LLC
Chambersburg PA
CBHW022053020426
42335CB00012B/675

نفسية المهاجر:
القلب والعقل والروح

كتاب « نفسية المهاجر » متوفر أيضًا باللغات:
الانكليزية والاسبانية والالمانية
و

كتب اخرى في هذه السلسلة:
مفاهيم المهاجر: مسارات حياة الاندماج

و كتب قادمة في هذه السلسلة:
صحة وعافيةالمهاجر

نفسية المهاجر:

القلب والعقل و الروح

دكتور واكيم ريمان
دكتورة دلورس ردريغزريمان

Romo Books

نفسية المهاجر: القلب والعقل والروح

الناشر رومو- بوك، شولافيستا، كاليفورنيا
ISBN 978-1-955658-15-7 (غلاف عادي)
ISBN 978-1-955658-14-0 (كتاب إلكتروني)
رقم مكتبة الكونغرس : 2022913065

يهدف هذا الكتاب إلى توفير معلومات دقيقة فيما يتعلق بموضوعه ويعكس رأي المؤلف ووجهة نظره. ومع ذلك، في أوقات التغيير السريع، فإن ضمان توفير المعلومات بدقة ومحدثة في جميع الأوقات ليس ممكنًا دائمًا. لذلك، لا يتحمل المؤلف والناشر أي مسؤولية عن عدم الدقة أو السهو، وعلى وجه التحديد إخلاء المسئولية عن أي خسارة أو خطر شخصي أو مهني أو خلاف ذلك، والتي قد تكون نتيجة، بشكل مباشر أو غير مباشر، لأي من محتويات هذا الكتاب و/أو تطبيقه.

مستشار النشر:

ديفيد واغان David Wogahn،

https://www.authorimprints.com

اهداء

الى كل المراجعين والمرضى
الذين عملنا معهم على مر السنين.

المقدمة

استمرت الهجرات عبر تاريخ البشرية. ولازالت موجات جديدة من المهاجرين واللاجئين مستمرة اثناء كتابة هذه الصفحات.وتستحوذ على اهتمام العالم على سبيل المثالأدى انسحاب القوات الأمريكية من أفغانستان في 15 سبتمبر 2021 إلى اندلاع نزوح جماعي متصاعد هربًا من حكم طالبان.أظهرت إحصاءات المفوضية السامية للأمم المتحدة لشؤون اللاجئين أن 2,2 مليون لاجئ أفغاني يعيشون في البلدان المجاورة. كان العديد من هؤلاء من النساء والأطفال. كما أفادت المفوضية السامية للأمم المتحدة لشؤون اللاجئين أن ما يقرب من 6 ملايين أفغاني قد فروا من ديارهم وبلدهم بسبب الصراع والعنف والاضطهاد[1] . وترتفع هذه الأرقام يوميًا. وفي نوفمبر 2021 حذرت هيومن رايتس ووتش أيضًا من انتشار المجاعة[2]

ثمغزت روسيا أوكرانيا. في 24 فبراير/شباط 2022و اصدرت الأمم المتحدة القرار واستنكرت تصرف روسيا العسكريولكنه استمر. في 9 مارس/اذار 2022 انتهت تقديرات الأمم المتحدة إلى أن أكثر من 2.2 مليون شخص من جميع مناحي الطيف الاجتماعي والاقتصادي في البلاد قد فروا بالفعل من أوكرانيا[3] ازداد عدد الأشخاص فقط, وحذرت الأمم المتحدة من أنه يمكن أن يصل عددهم في النهاية إلى 10 ملايين في حين انتهى الأمر بمعظم اللاجئين في بولندا, واتخذ آخرون وجهات مختلفة. حتى أن البعض وصل إلى حدود الولايات المتحدة ليدخلوها عن طريق السفر عبر المكسيك (على سبيل المثال, إلى تيوانا).[4]

ان الهجرات الجماعية بعيدة كل البعد عن كونها فريدة من نوعها. في
أواخر عام 2021, كان الآلاف من الهايتيين ينطلقون من بلادهم بلاد الفقر
والكوارث الطبيعية وعنف العصابات, والاضطرابات السياسية, وقد
وصلوا إلى حدود الولايات المتحدة (تكساس) مع المكسيك. كان البعض
منهم في بلدان أمريكا الجنوبية مثل تشيلي لكن الاقتصاديات المتدنية
الناجمة عن جائحة كوفيد -COVID-19، والمواقف المعادية المتزايدة ضد
المهاجرين، والسياسات الحكومية التقييدية التدريجية دفعت الهايتيين
إلى مغادرة تلك البلدان أيضًا[5] في بعض الأحيان، يقع المهاجرون في ظروف
سياسية لا علاقة لهم بها بشكل مباشر. على سبيل المثال, في أواخر عام
2021, احتشد عدد كبير من المهاجرين (يقدر بحوالي 3000 إلى 4000),
معظمهم من شمال العراق وأفغانستان, عند الحدود بين روسيا البيضاء
وبولندا, ومن ثم قرروا دخول الاتحاد الأوروبي. لكن بولندا أغلقت
حدودها في وجههم[6]. رداً على ذلك, دفعت بيلاروسيا إلى الهجرة إلى الحدود
البولندية لإحداث حالة من الفوضى هناك.

ليس من المستغرب أن الاتجاهات الموصوفة أعلاه تتأثر بالمهاجرين
والبلدان التي يبحثون فيها عن المأوى. إنهم بحاجة إلى الأمان والمأوى والمنازل
الجديدة وفرصة الازدهار. في الوقت نفسه, يمكن لاستيعاب أعداد كبيرة
من الأشخاص الجدد، حتى لو كان ذلك مبررًا قانونيًا وأخلاقيًا، أن
يوسع الموارد المحلية إلى ما هو أبعد مما هو قابل للحياة. هذا يمكن أن
يعزز الاستياء بين السكان الذين يعيشون بالفعل في البلدان التي يحاول
المهاجرون دخولها. في مقال نُشر في مجلة تايم في آذار (مارس) 2022,
أكد «سيمول»[7] أنه لا يجب أن التسامح مع الهجرة وذلك للحفاظ على
ازدهار البلد. مستشهداً بإحصاءات أمريكية, خلص إلى أن نقص العمالة
المحلية وكبر السن سيسهمان في نقص السلع والخدمات بالإضافة إلى
زيادة التضخم. يمكن للمهاجرين المساعدة في تخفيف هذه المشاكل. لكن
هجرة الولايات المتحدة من الموارد انخفضت من 1.6 مليون في 2017 إلى
559000 في عام 2021. وهكذا اقتبس سيمويلز الاقتصادي العمالي رون

هيتريك: «إذا لم تتحسن الهجرة. لست متأكدًا من أننا سنستعيد النمو".

وخلاصة القول، هذه المجموعات الخاصة التي تغير المهاجرين. لكن الاتجاه نفسه لا ينتهي أبدًا. وبالتالي، من الضروري إيجاد طرق أكثر فاعلية لتحمل هذه الحقيقة.

في مقال نُشر عام 2020، ناقش سيث شوارتز وزملاؤه[8] الإسهامات الإيجابية التي قدمها علماء النفس ويمكن أن يقدموها في الوقت الذي يتعامل فيه العالم مع الهجرة الدولية. يتضمن ذلك ربط الأبحاث في مجال الصحةالنفسية والعلوم الاجتماعية الأخرى والطب لإيجاد حلول عملية. عملنا يعكس تلك الروح. وكجزء من هذه الجهود، نعتقد أن المعلومات الصحية المهنية والمعرفة الأكاديمية يجب أن تكون متوفرة، وأن تكون مفهومة من قبل خدمات الخط الأمامي وصانعي السياسات والمهاجرين أنفسهم.

هذا المجلد وحده، لكن الفرضية هي الثانية، كتابنا الأول، مفاهيم المهاجرين: مسارات الحياة للاندماج، يقدم نظرة عامة على الظروف التي يميل المهاجرون إلى تجربتها. عندما يتم فهم هذه الظروف والتعامل معها بشكل فعال، فإن التكيف الناجح مع البلدان الجديدة يمكن تحقيقه بشكل كبير.

الرفاه النفسي هو أحد الأسس التي يبني عليها الأشخاص النجاح. نحن نعتمد على خلفيتنا المهنية في النظرية النفسية والممارسة السريرية والصحة العامة والأبحاث الأخرى. متأثرًا بقصصنا الشخصية والعائلية عن الهجرة. هذا يسمح لنا بتزويدك بـ 1) أحدث المعلومات حول الصحة النفسيةو 2) شرح كيفية ارتباطها بالتجارب المشتركة للمهاجرين. أمثلة من ممارستنا ت It seems that the translator only translated each page, and did not combine the entire paragraph.. and the header was translated too. ساعد في عمل هذه الروابط. باختصار،

هذا الكتاب من تأليف المهاجرين من أجل المهاجرين والأشخاص الذين يعملون معهم.

العديد من الكتب الجيدة تتناول كل ما يتعلق بالمتلازمات النفسية وأنواع العلاج التي يمكن وصفها, ولكن تقديم وجهة نظر مخصصة لتجارب مهاجرة محددة ستساعدك أنت وعائلتك (أو عملاؤك) في العثور على مسارات للشفاء والعافية

وصف الصفحات الأولية عندما تنظر من خلالهم, قد تتعرف على نفسك أو شخصًا تعرفه في أوصافهم. إذا كان الأمر كذلك, فقد وصلت إلى المكان الصحيح.

نوضح الصعوبات النفسية لذلك, إذا لزم الأمر, يمكنك فهم ما تعانيه أنت أو أي شخص تعرفه. حالات انعدام الأمن, تشمل أمثلة إكلينيكية من الممارسات الطبية (بطرق تحافظ على سرية عملائنا). كما نناقش أيضًا أماكن العلاج والتعافي. بالإضافة إلى ذلك, نقدم معلومات حول رعاية نفسك أو مساعدة أفراد الأسرة أو الآخرين الذين يواجهون صعوبات.[9]

توضح الدراسة أن الناس الذين يتلقون العلاج في أشكال مختلفة وله تأثير اجتماعي يدعم زيادة القوة الداخلية مع مرور الوقت, وبدلاً من إدارة عوارضهم, فإنهم في النهاية يحسنون نوعية الحياة لأنفسهم وأحبائهم وأسرهم ومجتمعاتهم والمجتمع الأكبر. إذا كنت تشك في سلوكك النفسي, فنحن نريدك أن تعرف أن هناك أمل. أنت لست «مجنون». قد تكون تعاني من الاكتئاب أو القلق أو ظروف أخرى يمكن علاجها ليس لديك عيب شخصي. يمكنك مع نوع صحيح من المساعدة, التعامل بشكل أفضل مع المشكلات التي تواجهك. إذا كان لديك أحد أفراد العائلة أو صديق أو زميل في العمل يعاني من اضطراب عقلي, فقد ترغب في معرفة كيف يمكنك المساعدة وفهم خيارات العلاج المختلفة. إذا كنت والدًا

لقاصر, فقد تحصل على بعض الأفكار حول كيفية الوصول إلى الدعم لطفلك ونفسك. إذا كنت محترفًا تعمل مع أشخاص من مجتمعات المهاجرين الذين يعانون من احتياجات فريدة وأمراض نفسية, فيمكن أن يكون هذا الكتاب بمثابة مرجع سريع؛ دليل لمساعدتك على فهم المشكلة وكيف يمكنك المساعدة في وضعك الخاص [9]

فكرة أخيرة قبل أن نبدأ: فهم المرض النفسي والضغوط بشكل مختلف في أجزاء مختلفة من العالم. غالبًا ما يُنظر إليهم على أنهم إخفاقات شخصية وضعف في الشخصية. قد يخشى الأفراد الذين يعانون من مشاكل نفسية أن تنعكس الحالة سلبًا على أسرهم وأنفسهم. ليس من المستغرب أن يخيف ذلك الناس ويمنعهم من البحث عن المساعدة

لا شيء من هذه الأفكار صحيح. هذا لا يعني أن صفتك (أو عائلتك) ضعيفة ومعيبة. يعرف مقدمو الرعاية الصحية أن الأفكار الخاطئة عن الأشخاص الذين يعانون من ضائقة نفسية شائعة. ومع ذلك، هناك بعض الاستثناءات التي يمكن أن تختلف عن بلد (في الولايات المتحدة) من قبل الدولة. يجب على الأشخاص الذين يسعون للحصول على علاج متخصص حتى يكونوا على دراية جيدة بهذا الموضوع أن يسألوا حفظ السرية.

بينما يناقش هذا الكتاب الصعوبات النفسية، نحتاج أيضًا إلى الإشارة إلى أن العديد من الأشخاص في مجموعات المهاجرين غير متورطين معهم. أحيانًا ما يكون هناك صعوبة مؤكدة في حدوثها. النقطة ليست علامة على أن السكان يعانون من مشاكل. غير صحيحة نناقش العديد من نقاط القوة الشخصية والعائلية التي يمتلكها بعض المهاجرين والتي تؤدي بهم إلى أن يكونوا أكثر مرونة تجاه الضيق ويعززون نتائج صحية نفسية أفضل مما هو ملاحظ في السكان المولودين في البلد.

استثناء (تنصل)

ان المحتوى المقدم من خلال هذا الكتاب هو فقط لأغراض تعليمية ومرجعية. و لا ينبغي أن يُنظر إليه على أنه بديل للاستشارة المهنية التي يقدمها طبيب أخصائي أومعالجنفسي أو غيره من أخصائيي الرعاية الصحية أو الصحة النفسية المرخص لهم فإذا كنت تعاني من اي مشكلة عاطفية أو عقلية أو طبية. فيرجى على الفور استشارة الاخصائي الذي يقدم الرعاية الصحية والنفسية.

تتوافق المعلومات والبيانات المتعلقة بالتشخيص المحتمل والعلاج الموضحة في هذا المجلد مع المعلومات الواردة في التصنيف الدولي للأمراض الإصدار العاشر (ICD-10)[10] الدليل التشخيصي والإحصائي للاضطرابات النفسية الإصدار الخامس (DSM-5)[11] و أفضل ممارسات العلاج على النحو الموصوف من قبل الجمعية الأمريكية للطب النفسي (APA)[12]. لا تهدف المعلومات الواردة في هذه الصفحات إلى تشخيص أو علاج أو الوقاية من أي مرض أو حالة عقلية/صحية. نحن لا نتحمل أي مسؤولية عن أي أخطاء أو بيانات مثلهذه العلاجات.

١

مقدمة في الصحة النفسية

لقد رتبنا هذا الكتاب بطريقة تصف الصعوبات النفسية الشائعة والمشكلات المحددة المرتبطة بالاضطرابات النفسية والعلم (الثقافة) الذي يتم من خلاله فهم هذه الاضطرابات. بالإضافة إلى ذلك نلاحظ أنه يمكن للناس أن يواجهوا أكثر من نوع من الهم في الوقت الواحدوهذه المساعدة مهمة بشكل خاص لأن الأطباء في كثير من الأحيان يحتاجون إلى تقصير أي من مرضانا الحاليين لفصل وترتيب ما يجب معالجته أولاً. إن محاولة التعامل مع اكثر من مشكلة في وقت واحد أمر مرهق للغاية في كثير من الأحيان ولا يشعر به الناس بشكل أفضل.

على سبيل المثالقد يواجه الشخص الذي يعاني من الوزن أو الألم المزمن صعوبة في الانخراط في الأفكار والإجراءات اللازمة لتغيير الأشياء إذا لم يتم التعامل مع المشكلات الأساسية مثل الاكتئاب أو القلق أو صدمات الحرب أو الاعتداء الجنسي أو العنف المنزلي.

مع هذا يجب أن نوضح أولاً كيف يعاني بعض المهاجرين منالهم المرتبط بالجهود المبذولة للاندماج في بيئتهم الجديدة. من المهم أيضًا أن نقول إن المهاجرين يختبرون أحيانًا الكرب والألم النفسي على شكل اكتئاب وقلقواضطرابات ذهانية سابقة لرحلاتهم. هذا يمكن أن يؤدي إلىسلوك العنف والاضطهاد في بلدانهم الأصليةو قرارهم للهجرة في المقام الأول.

بالإضافة إلى ذلك قد تنطوي الهجرة نفسها إذا كانت خطرة على أحداث مؤلمة مثل الاعتداء والاغتصاب وإيذاء وموت الآحباء وفقدانهم.

يعرض الكتاب في ظل هذه الظروف وقتاُ في معالجة قضايا الحزن بما في ذلك الحزن الناتج عن صدمات متعددة. نظرًا لأن الصدمة هي تجربة مهمة للعديد من المهاجرين فإن اضطراب ما بعد الصدمة (PTSD) يشمل ما هي الأعراض المعروضة والمتصلة بهذا التشخيص وكيف تم فهمها عبر الثقافات المختلفة.و نقدم بعض الإحصائيات للمساعدة في توضيح مدى انتشار اضطراب ما بعد الصدمة PTSD ونعطي أمثلة لأعراضه في حياة المهاجرين.

ثم نتبع نفس العملية لوصف القلق وأنواع الاكتئاب المختلفة. وهذا يشمل الاكتئاب الناتج عن تجارب الحياة. نتطرق بعد ذلك إلى ما يسمى اضطراب ثنائي القطب.(بايبولر)

وصفنا بعد ذلك بإيجاز الأعراض الشائعة في الاضطرابات النفسية ونتناول التشخيصات والإحصاءات ذات الصلة. نستشهد أيضًا بأمثلة من الحياة الواقعية مستمدة من ممارستنا السريرية. بالإضافة إلى ذلكفي إطار اضطراب الشخصية ثنائي القطب.(بايبولر) - تتناول هذه المناقشة مرة أخرى عمل التوقعات الثقافية.و المشكلات الشائعة المرتبطة بمثل هذه الاضطرابات وتقدم أمثلة لتوضيح كيفية التعامل مع حياة الناس.و مناقشات حول تعاطي المخدرات واضطرابات الأكل في سياق الهوية الثقافية واحترام الذات وكذلك التعاريف المتنوعة للجمال فيما يلي. في هذه الموضوعات نصف احتياجات الصحة النفسية الخاصة للأطفال والمراهقين وكيفية زيادة أدائهم.

وبمجرد أن وصفنا أنواعًا مختلفة من الصعوبات النفسية فإن كل ما يتعلق به الأمر في كثير من الأحيان يصبح جزءًا مهمًا من العلاج السريري.و يتم عرض هذه القضايا باستخدام أمثلة من مجتمعات

المهاجرين. على وجه التحديد نتحدث عن دور الغضب واحترام الذات والألم المزمن والأرق. بالنظر إلى أن بعض مجموعات المهاجرين تميل إلى القيام بحوادث ماثلة فيزيائيةفإن هناك على شبكة الإنترنت بعض الظروف الخاصة للإصابات الصناعية (وإصابات توسع مجتمعات المهاجرين بشكل عام). موضوع أساسي آخر هو منع الانتحار.

ثم نقوم بمراجعة العديد من العلاجات المهنية والخدمات المجتمعية المستخدمة لمساعدة الأشخاص الذين يعانون من الصعوبات النفسية الموضحة أعلاه. وتشمل هذه كيفية تطبيق الروحانيات والإيمان والدين وعلم أو طب النفس الإيجابي. لسوء الحظ تواجه بعض المجتمعات المهاجرة أيضًا حواجز أمام العلاج وهي مهمة يتبعها أخيرًا معالجة المشكلات التي يواجهها المهاجرون وتأثيرها على تعلم لغة جديدةواكتساب الجنسية في البلدان التي تتطلب لغة وغير ذلك من الاختبارات للحصول على هذه الحالة. وقد قمنا بتقديم سرد للمصطلحات الشائعة في نهاية الكتاب

٢

الضغوطات البيئية والعواقب النفسية

ضغط التثاقف

يهاجر الناس لأسباب عديدة ؛ البعض من أجل التطور المهني في مهن عالية التخصص.و آخرون هرباً من الفقر ولتأمين مستقبل أفضل لأطفالهم. و البعض هرباً من الحرب أو الاضطهاد أوالعنف أو تغير المناخ.

على الرغم من الدوافع المتنوعة يشترك المهاجرون في شيء واحد معًا: الانتقال إلى منزل أخر في نهاية المطاف. لا سيما بين الأشخاص الفارين من الحرب والاضطهاد يمكن أن يكون هناك العديد من الضغوطات. أولاًقد يكون الأشخاص قد تعرضوا لأحداث صادمة مثل الحرب والتعذيب والاعتداء بما في ذلك الاغتصاب وفقدان أحبائهم في بلدانهم الأصلية.

ثانيًاهناك ضغوط الرحلة نفسها. بالنسبة للاجئين وغيرهم ممن يهربون من الفقرفإن الهجرة في كثير من الأحيان تعني السفر عبر عدة بلدان وفي بعض الأحيان مخيمات اللاجئين اللغوية لأشهر أو حتى سنوات. قد تقودهم الرحلة إلى أماكن غير مرحب بها ويتم إساءة معاملتهم.و تشمل العمل القسري والاستغلال الجنسي والابتزاز والسرقة[13] و الأمثلة الثلاثة الآتية: توضح هذه الرحلات.

الرحلات المنتظمة للاجئين في الشرق الأوسط من سوريا إلى ليبياثم إلى أوروبا.و غالبًا ما يهرب اللاجئون من شرق إفريقيا من الصومال إلى كينيا أو إثيوبيا قبل الوصول إلى وجهتهم النهائية.و كثير من الناس من وسط أمريكا من خلال المكسيك إلى الولايات المتحدة الأمريكيةيعتبر استغلال الأطفالبما في ذلك القصر غير المصحوبين بذويهم مصدر قلق خاص لأنهم يشكلون فئة سكانية معرضة بشكل كبير.[14]

ثانيًا حتى في ظل الظروف الإيجابية يمكن أن تتضمن الرحلات عدة توقفاتيتطلب كل منها بعض التكيف مع الظروف الجديدة. ولكن كما ثبت مؤخرًا على طول الحدود بين الولايات المتحدة والمكسيك القبول بدخول بلد المصير النهائي من مضمون.

ثالثًاالحاجة إلى التكيف مع البيئة الخاصة للبلد الجديد. يمكن أن يتطلب ذلك من الأشخاص تعلم مهارات روتينية مثل فهم العلامات الجديدة والقيادة على طرفي نقيض من الشارع ولكن التحدي الأكثر تعقيدًا هو تعلم لغة جديدة والتكيف مع الأنظمة التعليمية المختلفة ومتطلبات العمل والقوانين والجمارك.

في ظل هذه الظروف الصعبة ليس من المستغرب أن تقر الأدبيات العلمية والسريرية أن الهموم التثاقفية (يُسمى أحيانًا ضغط الهجرة والمتزامن مع ضغط الانتقال) يحتاج إلى انتباه و حلول جادة.

يتم إدراج هذه الأنواع من الصعوبات في السلوك بالتالي في كتب التشخيص الرسمية التي تحدد المشكلات النفسية. كل من التشخيص والإحصاء للاضطرابات النفسية للرابطة الأمريكية للطب النفسي الإصدار الخامسِ [11] ((DSM- 5 والتصنيف الدولي للأمراض الإصدار العاشر (ICD-10) المدرجة في قائمة «صعوبات التثاقف» [10] ووصف الإصدار العاشر من التصنيف الدولي للأمراض هذه الصعوبة بأنها «مشكلة مع الهجرة» و «مشكلة مع التوضع الاجتماعي”.

ما هي التحديات الصحية التي يمكن أن تشكل ضغوطًا على البناء؟ القلق والاكتئاب والشعور بالوحدة وفي بعض الحالات الشديدة تكون الحالة البديلة مرتبطة بعملية التكيف مع بلد غير مألوف. قد يعاني بعض الأشخاص من توترات خفيفة تتحسن بمرور الوقت.

يمكن أن يظهر إجهاد التثاقف نفسه أيضًا من خلال الأعراض الجسدية. يعود ذلك جزئيًا إلى أن القلق غالبًا ما يرتبط بالاستجابات الفسيولوجية مثل ضيق التنفس وآلام الصدر (لاحقًا في هذا الكتاب نناقش الأعراض الجسدية للقلق بالتفصيل). انخفاض النشاط في القلب والأوعية الدموية[15]. التغيرات في الشهية واستخدام الأدوية الموصوفة (بالإضافة إلى الأدوية الأخرى) يمكن أن تسبب أيضًا صعوبات جسدية.

يمكن أن يظهر ضغط التثاقف نفسه أيضًا من خلال الأعراض العضوية. ويرجع ذلك جزئيًا إلى أن القلق غالبًا ما يرتبط بالاستجابة الفزيولوجية مثل ضيق التنفس وألم الصدر.

بالإضافة إلى ذلك فإن الأعراض العاطفية جنبًا إلى جنب مع ردود الفعل العضوية يمكن أن تجعل الناس أكثر عرضة للإصابة بأمراض أخرى بسبب انخفاض المناعة. يمكن أن تصبح المشاكل أسوأ بشكل متزايد لأن الناس يجب أن يهتموا بأنفسهم. تؤدي العملية إلى حدوث دورة تتفاعل فيها المشاكل البدنية والعاطفية وتضخم بعضها البعض وتجعل كلا الأمرين أسوأ. باختصار يؤثر ضغط التثاقف على مجموعة معقدة من الحالات البدنية و النفسية.[16]

كما يؤدي عدم الحصول على خدمات الرعاية الصحية إلى تفاقم مشاكل الصحةالبدنية و حتى الانتقال إلى مكان جديد او مدينة في نفس البلد يمكن أن يعني تغييرات في مقدمي الرعاية الصحية وفي بعض الأحيان تغطية التأمين الصحي

و قد يكون هناك حواجز لغوية وعدم إلمام بسياسات وأنظمة الرعاية الصحية مما يزيد من تعقيدالهم التراكمي. ما مدى ضغط التثاقف المألوف؟ يتفاوت بشكل كبير بين الظروف مختلف المجموعات السكانية. والإحصاء الدقيق ليس معروفًا جيدًا. ولكن من الملاحظحسب أحد التقديراتأن انتشار اضطراب ما بعد الصدمة (PTSD)مرتفع للغاية (47٪)[17] وهذا صحيح بشكل خاص بالنسبة للاجئين. وهناك تداخل بينهم.

من هو أكثر عرضة للخطر؟ ربما ليس من المستغرب أن ترتبط مستويات الهم التثاقفي بدرجة الانتماء للبلد الجديد أو اختلافها عن بلد المنشأ. وهذا يشمل النظام السياسي للثقافة الجديد والمواقف الاجتماعية. باختصار، عندما تكون الثقافة الجديدة مختلفة تمامًا عن الثقافة الأصلية للوافد الجديد، فمن المرجح أن يتعرض لمعاناة تراكمية أشد.[18]

المهاجرين الذين يتم البحث عنهم بشدة بسبب الخبرة المهنية و/ أو الذين تتشابه سماتهم ال عضوية ولغتهم وتقاليدهم ودياناتهم مع الأغلبية المحلية من السكان من المحتمل أن يكون لديهم وقت أسهل في التثاقف. من ناحية أخرى فإن المهاجرين الذين يبدون «مختلفين» و/ أو الذين يواجهون ظروف اقتصادية أقل يميلون إلى مواجهة صعوبات تكيف أكبر. هم أكثر عرضة لمواجهة القوالب النمطية والمواقف السلبية من السكان البلد الأصليين تجاه الوافدين الجدد .[19]

يمتلك بعض المهاجرين أيضًا معرفة وخبرة مهنية غير مقبولة في بلدهم الجديد (على سبيل المثال المحامين المدربين في الخارج ومقدمي الرعاية الصحية) ومن ثم يواجهون عقبات تعليمية ومهنية يجب التغلب عليها. وهذا يشمل التعرف على القواعد والممارسات المحلية. في بعض الحالات يتم اللجوء إلى الحصول على ترخيص جديد

وفقًا للمكان الذي يهاجرون منه قد يكون الحصول على تعليم مهني أجنبي في بلد جديد (ثم الحصول على ترخيص في ذلك البلد) أمرًا صعبًا للغاية.

عامل آخر يساهم في الهم التراكمي و هو ما إذا كانت هجرة الشخص طوعية أم لا. وفقًا للمصدر يعاني المهاجرون غير الطوعيين من ضغط ثقافي أكثر بنسبة 50٪ من أولئك الذين غادروا بلدهم الأصلي في ظل ظروف أكثر إيجابية.

يميل المهاجرون غير الموثقين أيضًا إلى معاناة اجهاد نفسي شديد حيث يحد نقص الأوراق القانونية من قدرتهم على العمل ويجعلهم أكثر عرضة للاستغلال (مثل العمل في ظروف خطرة بأجور منخفضة أو أن يصبحوا ضحية للاتجار بالجنس) وغالبًا ما يتركهم خائفين من مداهمات الهجرة. يمكن أن تنفصل نتيجة هذه المداهمات عن العائلات[20]. تشير بيانات الولايات المتحدة لعام 2017 على سبيل المثال إلى أن هناك 16.7 مليون أسرة تضمنت أقاربًا موثقين وغير موثقين يعيشون في نفس المنزل. ما يقرب من ستة ملايين طفل ولدوا في الولايات المتحدة[21] بالإضافة الى ان على الأقل 4.4 مليون طفل غير شرعي تحت سن 18 يعيشون بدون أم أو أب[22]. وقد تعرض ما يقدر بنصف مليون طفل من مواطني الولايات المتحدة لترحيل أحد الوالدين على الأقل بين عامي 2011 و 2013[23]

ليس من المستغرب أن تكون حالات الانفصال بسبب الترحيل مؤلمة وصعبة بالنسبة لأولئك الذين يتم ترحيلهم وغالبًا ما تكون مؤلمة لأفراد الأسرة الذين تركوا وراءهم. يمكن أن يكون هذا شديدًا بشكل خاص في حالة الأطفال. يشير تقرير[24] مجلس الهجرة إلى الروابط بين ترحيل الوالدين والاضطرابات العاطفية. وشمل ذلك الاجهاد الذي يمكن أن يضعف نمو الدماغ ويؤدي إلى نتائج تعليمية أسوء ويؤدي للتدخل من قبل سلطات حماية الاطفال و القاصرين

مثال حالة معالجة من و اكيم ريمان
Joachim Reimann:

على الرغم من عدم وجود أطفال فإن أحد الأمثلة على ذلك هو أن المشاكل الناتجة عن الترحيل من ممارستنا الإكلينيكية هي كما يلي: زوج مولود في الولايات المتحدة كان قد انتقل إلى مدينة تيوانا بالمكسيك وسافر طوال اليوم مع زوجته الموثقة (لديها اقامة نظامية) - على الرغم من أنه كان عضوا نشطًا في القوات المسلحة الأمريكية. كان للزوج قلق خاص على سلامته وسلامة أسرته. حيث كانت هناك عمليات اختطاف متعددة من أجل الحصول على فديةوكان يعتقد أن كونه عسكرياُيجعل منه «هدف عالي القيمة» لمثل هذه النوع من الجرائم.

سوف نغطي لاحقًا في هذا الكتاب كيف يمكن توثيق القضايا النفسية وجعلها مجدية للعملية القانونية ولكن بعد ذلكيكفي أن نقول إن الإجراءات التي ينطوي عليها الأمر طويلة ومُحكمة وصعبة مما يجعلها مرهقة للغاية.

كما ذكر سابقًاالأطفال والمراهقون غير محصنين ضد الهم الثقافي فيمكن أن يتضرروا بسبب ذلك الوضع القانوني للأسرة وما إذا كانت الهجرة قسرية بسبب الحرب أو التهديدات الإجرامية لأن مثل هذه الأحداث - غالبًا ما تكون مرتبطة بأمن اقتصادي أقل[25].

لكن هناك أيضًا أخبار جيدة. لسنوات وخاصة منذ عام 1986 لاحظ الباحثون أن بعض السكان المهاجرين يتمتعون فعليًا بصحة بدنية وعقلية أفضل من السكان الأوسع الباقين.[26] حيث يتعرض العديد من المهاجرين للضغوط الاقتصادية والضغوطات الأخرى, وقد يبدو هذا أمرًا بديهيًا.بسبب العديد من الضغوط الاقتصادية والضغوط الأخرى التي

تواجه المهاجرين. و وضعت على هذا النحو تسميته «المفارقة الوبائية» أو «هيسبانيك بارادوكس» أو «بارادوكس المهاجر» [27و28].

ما الذي يفسر هذه الاتجاهات غير المتوقعة؟ عنصر واحد قد يكون كثير من الناس الذين يهاجرون (بغض النظر عن سبب محدد) يميلون إلى أن يكون داخلياُ إلى حد كبير. إنهم على استعداد للتخلي عن القديم والمألوف لصالح الجديد وغير المعروف. بالإضافة إلى ذلكيجب ان تكون صحيحاُ معافى لتتحمل رحلات طويلة وخطيرة (للبقاء على قيد الحياة).و يجلب المهاجرون معهم أجزاء صحية من ثقافتهم. مثل نظامهم الغذائي التقليدي الذي يستثني الأطعمة السريعة غير الصحيةوالنشاط البدني الذي ينخرطون فيهوالعلاقة العائلية الوثيقة. الداعمة

يمكن أن يساعدعيش أجيال متعددة معاُ في منزل واحدفي الحصول على المعونة الاجتماعيةفي حين يعتبر هذا ازدحام غير صحي أثناء الوباء[29] و يمكن أن يكون مصدر لانتشار الكوفيد19- [29] وقد وجدت دراسة أنه بين مجموعات المهاجرين من غرب الهند وأمريكا اللاتينية إن الأسرة متعددة الأجيال تساعد في زيادة وسهولة ملكية المنزل والدعم العاطفي المتاح بين أفراد الأسرة و كذلك مزايا عملية مثل رعاية الأطفال.[28]

بالإضافة إلى ذلك يمكن أن يكون للدين تأثير إيجابي.و ذكرت إحدى الدراسات التي أجريت على نساء من دول أمريكا اللاتينية أن الاجهاد النفسي التراكمي كان أقل عندما كان لديهم قدر أكبر من الإعتقاد الديني[30] الأطفال والمراهقون يتسمون باختلافهم - عن نظرائهم الكبار البالغين حيث يتعلمون اللغة ويتكيفون بسهولة أكبر مع البيئات الجديدة.و يمكن أن يكون لهذا نتائج إيجابية وسلبية. تشمل السلبيات إمكانية زعزعة الأدوار التقليدية حول سلطة وادارة الأسرة.قد ينتهي الأمر مع المسئوليات التي يقوم بها المسؤولون في التفاوض بشأن مكان في بلد جديدة في كثير من الأحيان يجدون أنفسهم بالضرورة مع غيرهم

من المرشدين والمترجمين الفوريين لوالديهم. في حين أنه عمليًا مفيد فإن مثل هذا الإنزال يحدث مع العادات التقليدية والسبب بين أفراد الأسرة يفرض مسؤوليات على الأطفالو لم يعد لديهم استعداد للنمو.[31 و 32]

الدراسات الأخرى التي تم العثور عليها، والتي تساعد في الحصول على معلومات مفيدة – كاملة - بلد المهاجر غير مرغوب فيه أو قابل للاستمرار[33]

يتسم الأطفال والمراهقون بمزايا واختلافات - يتعلمون اللغة ويتحكمون في نظرائهم الكبار ويتكيفون بسهولة أكبر مع البيئات الجديدة من البالغين. يمكن أن يكون لهذا نتائج إيجابية وسلبية. تشمل السلبيات إمكانية الإخلال بالأدوار التقليدية ولكن على المدى الطويل من المرجح أن يكون التثاقف الأسرع مفيدًا لنضج الأطفالفعلى سبيل المثال في دراسة بحثت في اكتساب اللغة اللاتينية/لدى المراهق ونجاحها في المجتمع الأوسع كان لدى أولئك الذين تعلموا المزيد من اللغة الإنكليزية تجارب أكثر إيجابية عبر العديد من جوانب حياتهم الجديدة.[34] ومع ذلك كما ذكرنا سابقًا يمكن أن يؤدي التراكم الأسرع إلى تعريض الأسرة لنزاعات وعلاقات أسرية غير صحية.

اجمالاً هذه هي العوامل التي يمكن أن تجعل المهاجرين أكثر عرضة للوقوع تحت الضغوط الثقافية:

1. الخبرات في مجال الحفاظ على البلدان الناميةو تنظيم رحلاتهم إلى بلد جديد ؛
2. . تجارب التميز وعدم القبول في البلد الجديد.
3. التغيرات السلبية في الوضع الاجتماعي والاقتصادي و/أو الفقر المستمر ؛

4. .المهاجرون الأكبر سنا يواجهون صعوبات أكثر في تعلم عادات ولغة جديدة.

وتشمل العوامل التي يمكن أن تحمي من الضغطالثقافي:

1. وجود أوجه تشابه ثقافات بين بلد المنشأو البلدان الجديدة.

2. .وجود نفس اللغة في البلد الأصل والبلد الجديد ؛

3. كون مهارات وخبرات المهاجر مرغوبةو ذات قيمة عاليةفي البلد الجديد.

4. تشابه المهاجر عضويا (من حيث السمات العرقية والإثنية) مع غالبية السكان في البلد الجديدوبالتالي يسهل عليه «الاندماج»

5. تماسك المهاجرين وقوة سلوكيات نظمهم الاجتماعية والأسرية

الصدمة: بسبب اغتصاب وتعذيب وإصابات أخرى

كما لوحظ سابقًا فإن تاريخ التجارب المؤلمة للأسف أمر شائع بين المهاجرين الذين أجبروا على الفرار من وطنهم الأصلي والذين لديهم القليل من الوسائل الاقتصادية. يستكشف هذا القسم موضوع الصدمة بين المهاجرين بمزيد من التفصيل.

و عدد المهاجرين الذين يعانون من الهم حسب: 1) بلدهم الأصلي 2) مدة رحلة الهجرة 3) و البلد المختار أو4) الجمع بين هذه البنود غير معروف جيدًا فغالباً ما تكون سجلات الحكومات والمنظمات الأخرى قليلة أو غير موجودة. قد يتردد المهاجرون أيضًا في الإبلاغ عن الحوادث المؤلمة خوفًا من أن يؤدي ذلك إلى لفت انتباههم غير المرغوب فيه. ولكن هناك بعض المعلومات لدينا.على سبيل المثال المهاجرون الذين يخضعون للهجرة القسرية وأولئك الذين ليس لديهم حالة مرضية غير قانونية[35] و أشار .تقرير واشنطن اكسامنر Washington Examiner Report 2018

إلى 2200 حالة وفاة و 180.000 حالة اغتصاب وجنس قسري و 81000 حالة إجبار على تهريب مخدرات و 27000 حالة تهريب بشر خلال عام واحد.

بعض الإحصائيات من مواقع محددة عن الهجرة إلى الولايات المتحدة الأمريكية من المكسيك وأمريكا الوسطلديها معلومات جوهرية لسنوات. هي كما يلي:

الهجرة إلى الولايات المتحدة، من المكسيك وأمريكا الوسطى، كانت معلومات جوهرية لسنوات. يشير تقرير[36] عن مركز دراسات الهجرة إلى أنه من بين المهاجرين من وسط أمريكا الشمالية (هندوراس و غواتيمالا و السلفادور) أفاد 68.3٪ بأنهم ضحايا للعنف. بالإضافة إلى ذلك، قال 38.7٪ أنهم تعرضوا لحادثتين من هذا القبيلو11.3٪ ذكروا ثلاث حو ادث. يمكن أن تحدث المواجهات العنيفة في بلد المغتربينورحلاتهم إلى وجهاتهم.

اشتملت حلقات العنف المحددة على أنواع مختلفة من الاعتداءات الجسدية والاعتداء الجنسي، حيث أبلغ سبعة (7٪) من المهاجرين عن تعرضهم لإطلاق نار، وشمل مرتكبو العنف أثناء رحلات المهاجرين العصابات الإجرامية وقوات الأمن المحلية.

بالإضافة إلى ذلك، تم الإبلاغ عن العديد من حوادث الاستغلال. وشمل ذلك ابتزاز الرشاوى المالية وكذلك المطالبة بالجنس كدفعة للسفر والحماية والمأوى. في ممارستنا السريرية، سمعنا عن فتيات صغيرات يبلغن من العمر 13 عامًا ممن تعرضن للاستغلال الجنسي، وبعضهن حملنوالجدير بالذكر أن الأشخاص الذين يعبرون الحدود بين الولايات المتحدة والمكسيك ليسوا فقط من دول أمريكا اللاتينية. نشأ بعضها في الشرق الأوسط ومواقع أخرى. يعني المهاجرون المستقلون أن هذا أتى عن

طريق رحلة إلى مكسيكو سيتي أو مدينة رئيسية أخرى في المكسيكربما لأن متطلبات الدخول هناك أكثر استرخاءً. ثم يأخذوا رحلة طيران محلية إلى الحدود بين الولايات المتحدة والمكسيك مدن مثل تيواناو سدادهوارس في المكسيك.ويمثلون أخيرًا بأنفسهم إلى سلطات حدود الولايات المتحدة ببساطة كطالبي لجوء حاولوا عبور المدينة و عدد الأشخاص الذين عبرواهروبا واتخذوا هذا الطريق وعانوا أحداثاُ صادمة غير معروف ولكن معظمهم كانوا في رعبو تحت تهديد هناك ولكن عددهم كبير.

تتوفر بعض الإحصائيات من أوروبا. حيث تقر وكالة الحقوق الأساسية في الاتحاد الأوروبي (FRA) بأن معظم الوكالات الحكومية الأوروبية لا تجمع معلومات حول التجارب المؤلمة. ولكن من بين الدول الأعضاء في اليونان ذكرت خدمات اللجوء في اليونان أنه في عام 2016 تم تسجيل 577 1 من المتقدمين على أنهم نجوا من التعذيب أو الاغتصاب أو غيره من أشكال العنف الجنسي. وكان معظم هؤلاء من سوريا والعراق وأفغانستان[37]

في حينأن إحصائيات واضحة متفرقةكما أفاد تقرير FRA أيضًا أن الشرطة قد استخدموا القوة المفرطة ضد المهاجرين الذين يصلون إلى أوروبا.و تشمل حوادث محددة استخدام الكلاب المطلقة العنانو رذاذ الفلفل والضرب والترهيب اللفظي نزع الملابس الدافئة.

وجدنا في بحثنا حول سكان الشرق الأوسط وشرق إفريقيا في مدينة سان دييغو أن غالبية المهاجرين (56٪) أفادوا بأن بعضًا من أشكال المعارضة التي واجهتها الولايات المتحدة في بلدانهم الأصلية كان 17٪ منهم قد اختلقواوغالبًا ما يكون السبب في ذلك هو المضايقة أو المضايقات الدينية أو المضايقات في المجتمع.وشمل ذلك جرائم الكراهية. تُظهر تجاربنا السريرية أن الظروف التي لدى أي شخص قد تراجعتو أصبحت تتطور بمرور الوقت[37]

تضمن عملنا السريري أيضًا خدمات مع الأشخاص الذين أبلغوا عن تعرضهم للتعذيب. بعض حوادث التعرض للعنف بوحشية من قبل أفراد وجماعات إجرامية.و شارك آخرون في التعذيب المنظم الذي ترعاه الدولة والذي يتبع بروتوكولًا نظاميًا و له دافع سياسي.

المثال التالي نموذجي من الشرق الأوسط: تم القبض على أفراد من قبل السلطات المحلية واتهامهم بالتحريض على الفتنة ضد الحكومة. كانوا في الغالب من الأقليات الدينية و/أو الجماعات العرقية وربما رفضوا الانضمام إلى الحزب السياسي الحاكم. غالبًا ما تكون مجموعة مقاومة منظمةربما لأن هذه المنظمات لديها وسائل أفضل لحماية أعضائها.

تم سجن الأفراد ووضعهم في زنزانة مظلمة حيث تم عزلهم ولكنهم سمعوا صراخ سجناء آخرين يُفترض أنهم تعرضوا للتعذيب. وحُرموا إلى حد كبير من الطعام والمراحيض. ثم تم استجوابهم وضربهم مراراً وتكراراً, واحتُجزت والدة رفيقة زوجها, وجُردت من ملابسها, وضُربت أمامه. كما تم اقتياد الأفراد إلى فناء وقيل لهم إنهم سيُقتلون هناك. بعد تكرار الضرب والترهيب والعزل والتهديد بالقتل, أُعطي الناس وسيلة للخروج من السجن. على وجه التحديد, قيل لهم إنهم بحاجة إلى تقديم اعتراف كتابي بجرائمهم (التي غالبًا ما تكون غير موجودة) ضد الحكومة والموافقة على التجسس على أفراد عائلاتهم وأصدقائهم وجيرانهم إذا أرادوا الإفراج عنهم. ثم اضطروا إلى إبلاغ الحكومة بأي أنشطة يُفترض أنها مشبوهة. ليس من المستغرب أن يوافق الأفراد غالبًا على هذه الشروط حتى يتمكنوا من مغادرة السجن.

الشيء الذي كان تحت حكمه مثلًا - حاول. هذه العملية محفوفة أيضًا بالمخاطر السياسية. تم القبض على بعضهم دون وثائق في بلد آخر وإعادتهم إلى بلادهم. هناك يُنظر إليهم على أنهم انتهكوا «اتفاقهم» وحلقوا, وكلاهما من الظروف التي يمكن أن تؤدي إلى عقوبة أشد بما في

ذلك الموت. بالإضافة إلى ذلك, قد يتسلل بعض الناس داخل الطائرات المسافرة خارج البلاد.قد يتم بعد ذلك تحديدهم على أنهم مرتكبو أعمال العنف وأن يُنظر إليهم على أنهم «الأشرار» من قبل رفاقهم المهاجرين

الحزن غير المعالج

من غير المستغرب أن مثل تلك الحوادث والظروف المذكورة أعلاه تؤدي غالبًا إلى حزن عميق وخسارة. هذا هو موضوعنا التالي.

وفيات المهاجرين: أحد مصادر الاكتئاب النفسية لبعض المهاجرين وأسرهم تجربة الحزن. والاضطهاد وعنف العصابات وحوادث أخرى و فقد الكثير من أحبائهم. قد لا يعرف الآخرون ما إذا كان أفراد الأسرة المفقودون أو المختطفون لا يزالون على قيد الحياة. يمكن أن تحدث مثل هذه الأحداث سواء في بلد المهاجرين المتحركين أو في موقع جديد. إذا لم يتم حل هذه الظروف فإن مشكلة خطيرة من الناحية الإكلينيكية يمكن أن تكون «حزنًا مركبا».

يمكن أن تكون احتمالات الوفاة كبيرة بين الأشخاص المسافرين إلى بلد جديد. هناك الآن تأكد من العدد الدقيق للأشخاص الذين فقدوا حياتهم أثناء عملية الهجرة. لم يتم تسجيل العديد من هذه الحوادث. لكن العديد من المنظمات الدولية والمبادرات المحلية حاولت توثيقها.

بالمستوى العام فأكثر من 75000 مهاجر تم تسجيله منذ عام 1996. لا تسلط مثل هذه الإحصاءات الضوء فقط على قضية وفيات المهاجرين ولكن يمكن أن تؤثر هذه الحوادث على أفراد أسرهم.

مشروع المنظمة الدولية للهجرة (IOM) للمهاجرين المفقودين أثناء السفر فوق الماء[38] (في الغالب في القوارب) في رحلتهم. من وجهة نظر عملية وسياسية يمكن أن يساعد ذلك في تحديد الوفيات التي تحدث على

حدود مختلفةوتحديد المسارات الخطيرة بشكل خاص. ومع ذلكلا تشمل الأرقام عادة الوفيات التي تحدث في مخيمات اللاجئين أو مرافق الاحتجاز أو أثناء الترحيل أو عندما يُجبر المهاجرون على العودة إلى موطنهم الأصلي.

الاتجاهات الأخيرة من بيانات المنظمة الدولية للهجرة حول الوفيات في جميع أنحاء العالم اختفاء مظاهر أكثر من 33400 امرأة ورجل وأطفال المنظمةأحدث المعلومات في عام 2014 معظم الوفيات (18500) حدثت في طريق وسط البحر الأبيض المتوسط بين شمال إفريقيا وإيطاليا وهو أعلى عدد من حوادث البحر والاختفاءاودت بحياة 15500 نسمة بين يناير 2014 وأكتوبر 2019 .[38]

أكثر من 7400 حالة وفاة تم تسجيلها في جميع أنحاء القارة الأفريقية. حدث العديد من هؤلاء عندما حاول الناس عبور الصحراء الكبرى. بالإضافة إلى ذلكتمت نسب أكثر من 3000 حالة هجرة في آسياوآخرها هجرات مرتبطة من ميانمارشعب الروهينغيا (مجموعة عرقية في المنطقة).[38]

تم الإبلاغ عن أكثر من 3600 شخص في عداد المفقودين أثناء الهجرة في امريكا الوسطى منذ عام 2014. تم توثيق ما يقرب من 60 % من هذه الأرقام على الحدود بين الولايات المتحدة والمكسيك.

يمكن أن تصبح وفيات المهاجرين «حقيقية» وصادمة بشكل خاص عندما تحدث بالقرب حولنا حتى عندما لا تشمل أشخاصًا يعرفهم المرء. في صباح يوم 2 مايو/أيار 2021, بينما كنا نكتب هذا الكتاب في سان دييغوعثر على حاوية يبلغ ارتفاعها 40 قدمًا وعلى متنها ما يقدر بنحو 30 مهاجراً غير شرعيين انتشروا على سطح المياه وعلى الرغم من الجهود الحثيثة لانقاذهم إلا أن هناك أربعة أشخاص مفقودين على الأقل في مياه الشاطئ المحلي.و على الرغم من الجهود الحثيثة, إلا أن هناك أربعة

أشخاص غرقواعلى الأقل كثير منهم لم يتم إدخالهم إلى المستشفى. تم الإبلاغ عن القارب انه غير آمن - الهدف الأساسي للمهربين هو الربح وليس حياة البشر ولا ما يحدث لهم وكل ما يهمهم فقط هو تحقيق الربح.[39]

أكثر من 7400 حالة وفاة تم تسجيلها في القارة الأفريقية. حدث العديد منها عند محاولة الناس عبور الصحراء الكبرى. بالإضافة إلى ذلك, تمت نسب أكثر من 3000 حالة هجرات في آسيا, وآخرها هجرات مرتبطة من ميانمار, شعب الروهينغيا (مجموعة عرقية في المنطقة).

مثل هذه الحوادث ليست نادرة الحدوث. في نوفمبر 2021, غرق 27 مهاجرا أثناء محاولتهم عبور القنال الإنكليزي من فرنسا إلى المملكة المتحدة. وانتهى قاربهم المطاطي المليء بالحمل الزائد, وأشير إلى أنه شمل خمس نساء وفتاة صغيرة. من الواضح أن الناس من أفريقيا ودول الشرق الأوسط يرون أن المملكة المتحدة هي أفضل وجهة بالنسبة لهم لأن اللغة الإنكليزية يتم التحدث بها هناك, وبعضهم لديهم بالفعل أقارب في المملكة المتحدة, كما أن هناك المزيد من الأساليب المريحة في التوظيف وقوانين الهجرة.[40]

يعتبر مشروع المهاجرين المفقودين التابع للمنظمة الدولية للهجرة مهمًا لعدة أسباب, حيث يمكن استخدام الإحصاءات من قبل الحكومة في تقييم سياسات وبرامج الهجرة الشائعة لجعل العملية أكثر أمانًا. يدعم المشروع أيضًا الأشخاص الذين يبحثون عن أحبائهم المفقودين عن طريق الإحالة إلى شبكة Restoring Family Links Network التي تعمل مع «الهلال الاحمر».

من المحتمل أن يؤدي ذلك إلى أن الظروف الموصوفة أعلاه يمكن أن تؤدي إلى اكتئابعاطفي بين المهاجرين.و يتناول القسم التالي الأشكال التي يمكن أن تتخذها مثل هذه المحنة.

الحزن المركب او المعقد: عند امعان النظر في الأرقام المذكورة أعلاه فإنه يمكن ببساطة أن يكون حزن وفجيعة وأشكال أكثر حدة وحزن مركب أو معقد وهي مشاكل مشتركة بين المهاجرين.[41] على هذا النحو، غالبًا ما يتم علاجهم من قبل علماء النفس والأطباء النفسيين وغيرهم من المتخصصين في الصحة العقليةو الذين يعملون مع السكان

يعاني معظم الناس من الحزن والأسى الناجم عن فقدان أحد أفراد أسرته في مرحلة ما من الحياة. تتضمن الأغلبية العظمى من الحزن والفجيعة فترة من الأسى والحزن والترحيل وحتى الشعور بالذنب والغضب بسبب الخسارة [39]. من المرجح أن يستمر الناس في عدم التنازل عن من يحبون وتذكرهم ولكن تقل مع مرور الوقت الشدة العاطفية والشعور بالخسارة.

عندما يتعامل الناس مع الفجيعة فإنهم عادة ما يختبرون مراحل مختلفة من عملية الحزن. بترتيبدقيق ومدة لكل مرحلة من مراحل وتختلف من شخص إلى اخر.[42]

وحسب «رس كبلر.[43]Kübler-Ross" يبدأ الحزن عادةً بإنكار حقيقة الخسارة. وغالبًا ما يتبع ذلك غضب من ظلم الخسارة. يمكن أن يستهدف هذا الغضب الأشخاص الذين يُنظر إليهم على أنهم قد تسببوا في إلقاء اللوم على أنفسهم. يلتقي كثير من الناس في النهاية بالقبول بموت أحدهم فهم يختبرون واقع الحياة المظلمة معًاو يضبطون حياتهم الجديدة وخططهم وأحلامهم للمستقبل. أخيرًايمكن للناس أن يتسوقوا ويربحوا علاقات جديدة صحية [42]

في الحالات التي تكون فيها الوفاة ناتجة عن العنف أو الأعمال الإجرامية يمكن للناس أيضًا أن يجدوا العزاء إذا اعتقدوا أن الجاني قد نالته العدالة.[44 و 45]

لكن للآخرين فان شعورهم بالخسارة طاغي ولا تنتهي أحزانهم حتى بمرور الوقت.و تفسر هذه التجربة على أنها «حزن مركب» أو «اضطراب ثقيل معقد مستمر». تظل الحالات غير المألوفة والمشاعر المؤلمة والخسارة شديدة جدًا وطويلة الأمد بحيث يصعب للغاية على الشخص استعادة «الحياة الطبيعية». [42]

لنفكر في أوجه التشابه والاختلاف بين الاسى أوالحزن المشترك والحزن الأكثر تعقيدًا: كما ذكرنا سابقًا تشمل التجارب العادية التي تحزن الناس هو فقدان (أحبائك). و تصبح هذه الحالة أسوأ عندما يواجه الثكالى أماكن وأشخاصًا ومواقف تذكرهم بالشخص (الأشخاص) المفقود.

يصعب في البداية تأكيد الفروق بين الاسى والحزن المركب. خلال الأشهر القليلة الأولى بعد الفقدان و تتشابه العديد من الأعراض المرتبطة بالحزن الطبيعي والحزن المركب. ولكن بينما تبدأ أعراض الحزن الطبيعي بالتلاشي تدريجيًا بمرور الوقت تستمر أعراض الحزن المركب أو تزداد سوءًا.

بعض المؤشرات على الحزن المركب التالي: الناس يستمرون في التجربة مع الشعور بالألم والقلق من فقدان الشخص المصاب. هناك القليل من التركيز على أي شيء آخر بما في ذلك وفاة شخص. هناك رد فعل قوي على الأماكن والأفراد والظروف التي تذكر بالمحبوب أو الهارب الهالك.

يمكن للناس الذين يعانون من الحزن المركب أن يجربوا أيضًا الشعور بالترحيل والخدر العاطفي. يبدأون في التصرف بإحساس بالمرارة حولها معتقدين أن طولها يحمل معنى أو هدفًا. يبدو أنهم غير قادرين على الاستمتاع بأي شيء أو التفكير في الذكريات الإيجابية التي شاركوها مع أحبائهم المفقودين. في كثير من الأحيان يبدأون في عدم الثقة بالآخرين

الذين «لا يمكن أن يفهموا» في رأيهم التجربة مثلهم.

يمكن أن تكون مشكلة الحزن المركب شديدة وطويلة الأمد. ولدى الأشخاص في هذه الفئة قدرة منخفضة على التفكير في أي شيء بعد حزنهم ولديهم خبرة وصعوبة في قبول وفاة ألقريبين

قد يجعلهم الموت يفقدون الأمل في الحياة. ويصعب الانخراط في الأنشطة الروتينية ذلك وينمو بشكل متزايد والأشخاص الذين يعانون من حزن مركب. ينسحبون ويشعرون بالذنب بسبب موت أحدهم ويخلصوا إلى أن الحياة لا تستحق العيش بعد الآن. يمكن أن تشمل ضيق التنفس والصدر وآلام الجسم الأخرى. يمكن أن يضعف الهم أيضًا جهاز المناعة مما يزيد من خطر الإصابة بأمراض عضوية (على سبيل المثال أمراض القلب أو السرطان أو ارتفاع ضغط الدم). يمكن أن يكون هناك تداخل كبير بين الحزن واضطراب ما بعد الصدمة (PTSD). سنناقش اضطراب ما بعد الصدمة بالتفصيل لاحقا.

لا يفهم خبراء الصحة النفسية تمامًا سبب اختلاف تعامل بعض الأشخاص المعرضين لظروف متماثلةو لظروف معقدة بين شخص وآخرولكن هناك العديد من العوامل بما في ذلك الاستعداد الوراثي والأساليب المطلوبة للتأقلم ونوع الشخصية.

يبدو أن كبار السن والنساء أكثر ضعفاً ومعرضين لخطر الإصابة بالحزن المركب. تشمل الظروف الأخرى التي تزيد من فرص الناس في تطوير مثل هذا الحزن الموت غير المتوقع أو العنيف بشكل خاص (على سبيل المثال أو حادث سيارة أو قتل أو حرب أو انتحار) أو وفاة طفل يعتمد بشكل كبير على الشخص المتوفى أو فقدان صداقة (على سبيل المثال عندما يلوم الآخرون الشخص الحزين على الوفاة) أو تاريخ من صدمات أخرى و / أو اضطرابات عاطفية ، وضغوط إضافية في الحياة.

لا يملك الباحثون الكثير من المعلومات حول انتشار الحزن المعقد بين مجموعات أهلية معينة. ومع ذلك، ذكرت إحدى الدراسات أنه في حين أن ذلك يعتمد على البلد الذي ينحدر منه الناس، فإن التقدير الأكثر شيوعًا هو أن 32٪ من المهاجرين يعانون من هذا الحزن.[46] و يمكن زيادة حزن المهاجر عندما يغيب باقي الأسرة القريبون للمساندة في مواجهة تحديات الحياة في بلد جديد لدرجة أن لا يمكنه اتباع طقوس الدفن التقليدي.[47]

أحد مفاتيح تشخيص وعلاج الحزن والأسى هو التعرف على الاعراف الثقافية والدينية التي تشكل تجربة الفرد. ولكن حتى عندما يوجد أوجه تشابه عبر الخلفية الثقافية والدينية للشخص، فهناك دائمًا اختلافات فردية يجب مراعاتها واحترامها.

باختصار، يمكن أن يكون للحزن المعقد تأثير بدني وذهني واجتماعي على المهاجرين. و أولئك الذين اضطروا إلى الفرار من ديارهم بسبب الحرب والفقر والعنف الإجرامي معرضون للخطر بشكل خاص. غالبًا ما يقومون برحلات طويلة وخطيرة. بعض الاعتبارات الأساسية في التعامل مع الحزن موصوفة أدناه. ويلي ذلك مناقشة حول المرونة في مواجهة الحزن المعقد.

متى تطلب المساعدة المهنية: قد يتردد بعض الناس في البحث عن خدمات مهنية خشية السخرية منهم.و يمكن أن يكون هذا بسبب أصدقاء وأهل انتقدوا سلوكيات الحزن (كقول وترديد«انقضى الوقت و يجب أن تنهيه الآن»). لكن أخصائيو الصحة العقلية يدركون أن كل شخص يحتاج إلى الحزن بوتيرته الخاصة وفي الوقت الذي يناسبه[48]

ومع ذلك ، فيفضل مراجعة الطبيب او المعالج النفسي ومعرفة ما إذا كان لديك حزن شديد ومشاكل في العمل. و يختلف الوقت الذي يستغرقه الناس في الحزن اختلافًا كبيرًا. يجب عدم الخوف من طلب

المساعدة. بالتأكيد، إذا لم يتحسن الاضطراب العاطفي في غضون عام واحد ، فمن المستحسن البحث عن علاج متخصص.

ليست كيفية منع الحزن المعقد واضحة تمامًا. قد يكون طلب الاستشارة بعد فترة وجيزة من الفاجعة مفيدًا خاصة للأشخاص المعرضين لخطر متزايد لتطور الحزن الى حزن معقد. سنتناول العلاجات الرسمية المختلفة لاحقًا في هذا الكتاب. ولكن هذه بعض الأفكار الأولية حول الطرق التي قد تجعل الحزن أكثر قابلية للسيطرة

- **التحدث:** عندما يصرح الناس عن حزنهم ويسمحون لأنفسهم بإظهار مشاعرهم (مثل البكاء). هذا يمكن أن يقلل من احتمالية أن يغمرهم حزنهم. و البكاء هو أحد الطرق التي تخفف بها أجسامنا الإجهاد وتزيله.

- **المساندة:** في الظروف المثالية ، يمكن لأفراد الأسرة والأصدقاء وشبكات الدعم الاجتماعي والمجتمعات الدينية مساعدة الناس في التغلب على أحزانهم. تركز بعض مجموعات المساندة على نوع معين من الفواجع ، مثل وفاة الزوج أو الطفل أثناء الحرب. يمكن أن تُظهر تجربة الناس في ظروف مماثلة وللذين زاد الحزن لديهم أن التحسن ممكن.

- **التأقلم القائم على الثقافة:** بما أن الموت عالمي، فقد وجدت ثقافات مختلفة طرقًا مختلفة للتعامل مع الفقدان والحزن. على سبيل المثال، هو عطلة مكسيكية في (1 و 2 نوفمبر) تسمى يوم الموتى (Día de Los Muertos) تتداخل مع الاحتفالات الكاثوليكية بيوم جميع القديسين وعيد جميع الأرواح كما هو ملاحظ في العديد من البلدان. تسمح هذه العطلة للعائلة والأصدقاء بتذكر وتكريم المتوفين بالاحتفال بحياتهم. يبني الناس مذابح منزلية ويقدمون القرابين ويزورون القبور بالهدايا. هذه المناسبة ليست لهذه الطقوس نفسها ولكن فيها بعض التداخل مع تكريم الأسلاف

كما هو في التقاليد الطاوية الصيني. حيث يقوم على الاعتقاد بأن أفراد الأسرة المتوفين لا يزالون موجودين و أرواحهم ترعى الأسرة وتؤثر على ثروة الأحياء. على أفراد أسرة الفقيد الحرص على راحة نفس الراحل في عالمه الروحي.الذي هو فيه. و كلا المثالين عبارة عن طقوس ومعتقدات تكرم ذكرى المتوفى بفرح بدلاً من التركيز على فقده بالموت. و هذا يعمل على تعزيز استمرارية خط الأسرة.

ونحن أحيانًا عندما نعالج مرضانا نتعلم منهم شيئاً عن التأقلم والمثابرة والتكيف. و اليكم هنا أحد الأمثلة :

مثال حالة معالجة من و اكيم ريمان
Joachim Reimann:

جاءت مريضة إلى عيادتنا وهي في حالة عاطفية مكتئبة. حيث هربت من الاضطهاد السياسي في شرق أوروبا ونجحت في تأسيس حياتها الجديدة في الولايات المتحدة على سبيل المثال تزوجت وخططت لإنجاب أطفال. ولكن بعد ذلك توفي زوجها الجديد في حادث.

وقد وصفت هذه الشابة نفسها بأنها تمتلك القدرة على التحكم في عواطفها في الظروف المعتادة. لكنها فقدت تلك القوة عندما مات زوجها. بشكل مؤثرروت حادثة أخبرها فيها زميل في العمل أنه «من المدهش أنك نجوت». أجابت دون تفكير: «لم أفعل». حيث لم تشهد وقوع الحادث بنفسها.اجابة المرأة هنا تعني أنها لم تكن تعاني من أي أذى عضوي، وكان رد فعلها هو عن وضعها النفسي.

في النهاية بدى امر المرأة الشابة بين الصواب والخطأ. هي لم تبقى كما كانت قبل وقوع حادث زوجها بالضبط بل تغيرت لذلك لم تبق كما كانت لكن استطاعت مع الوقت الوفاء لذكرى زوجها كما علمته. من الواضح أنه يحبها ويريدا لها لأفضل.

اضطراب ما بعد الصدمة

يقوم معظم علماء النفس وأطباء ومقدمي خدمات الصحة النفسية الآخرين بالتشخيص القياسي لما قد يعاني منه المرضى حسب أحدث تصنيف دولي للأمراض أو حسب دليل التشخيص الإحصائي في الولايات المتحدة هذا يساعدنا على تحديد أفضل طريقة لعلاجهم.

اضطراب ما بعد الصدمة (PTSD) هو أحد هذه التشخيصات ويُعرَّف عمومًا على أنه حالة عقلية يمكن أن تحدث إذا كان هناك حدث واحد أو أكثر (أحداث) صدمات نفسية أو التعرض لحدث (أحداثًا) متكرر بشدة.

تتضمن أعراض اضطراب ما بعد الصدمة بعض الأفكار حول الصدمة «ذكريات الماضي» مشاكل النوم الكوابيس القلق الدال المشاعر غير الواقعية الانسحاب والإثارة/التهيج ردود الأفعال المبتذلة الاكتئاب مشاكل التركيز وردود الفعل الجسدية للمواقف التي تذكر الناس بتجارب الروماتيزم المختلفة. يميل الأشخاص المصابون باضطراب ما بعد الصدمة إلى الإصابة به.

نعتقد أنه ليس من المستغرب أن يكون اضطراب ما بعد الصدمة مشكلة للمهاجرين الذين عانوا من أحداث خطيرة للغاية مثل الحرب والاضطهاد والتهديدات الإجرامية والابتزاز والاعتداء الجنسي والإصابات العضوية وغيرها من المحن. تباينت تقديرات محددة منذ 30٪ بين السوريين الكبار

لقد وجد ان من 76٪ من الأطفال السوريين[49 و 50] دراسة أن 9٪ من المراهقين الأمريكيين اللاتينيينو 21٪ من مقدمي الرعاية معرضون لخطر الإصابة باضطراب ما بعد الصدمة.[51] وهذا يقارن بما يتراوح بين 1٪ و 6٪ ممن يعانون من اضطراب ما بعد الصدمة في عموم السكان البالغين في

جميع أنحاء العالم.

انسحبت القوات العسكرية الأمريكية من أفغانستان أثناء قيامنا بكتابة هذا الكتاب, وكان التأثير النفسي الدقيق لهذا الحدث غير معروف, لكن التقارير الإخبارية أظهرت باستمرار ازدحامًا في مطار كابول الذي كان يحاول مغادرة البلاد بين 14و 31 أغسطس/اب.2021.[52]

و تدل جميع المؤشرات على أن الناس سوف يستمرون في نفس نظام الحكم.[53] ومن ثم فمن المحتمل بشكل كبير أن تشهد البلدان المضيفة التي تستقبل لاجئين أفغان عددًا كبيرًا من المهاجرين الذين يعانون من تداعيات اضطراب ما بعد الصدمة.

غالبًا ما تكون القصص الشخصية للاجئين الأفغان محبطة وملهمة على حد سواء.و يصف مقال في مجلة نيوزويك في يوم 13 مايو/ ايار 2022 على سبيل المثال قصة أعضاء من فصيل تكتيكي نسائي وهي وحدة عسكرية أفغانية تدعمها القوات الأمريكية الخاصة في تعقب مقاتلي طالبان.و يمكنهن كنساء جمع المعلومات من النساء الأخريات بسهولة أكبر. كانت النساء ناجحات للغاية في مهماتهن. بكل المقاييس لكن مع انسحاب الولايات المتحدة عادوا الى منازلهن. وواحدة منهن على الأقل كانت حسب المقال تعمل وقتها في مطعم للوجبات السريعة في الولايات المتحدة.[54] و هي بفضل مهاراتها وتصميمها وشجاعتها ودعمها لأهداف الولايات المتحدة يبدو من المرجح أن المحاربات القدامى في الفصيل التكتيكي سينجحن أكثر في حياتهم الجديدة. ويتوجب عليهن أيضًا أن يكونن ناجحات في بلد هن الجديدة.

كما ذُكر سابقًا أدى غزو روسيا لأوكرانيا إلى خلق حالة أخرى في ظل استمرار العديد من الأشخاص في الفرار من ديارهم. بينما نكتب هذا الكتاب فإن النتيجة النهائية للحرب التي لا تزال غير معروفة ولكن هذا هو الحال بالنسبة للاجئين والأشخاص الذين يعيشون في بلد مضيف[55]

ومن ثم فإن الأمر غير واضح أنه اعتمادًا على حل النزاع قد يرغب العديد من الأوكرانيين أيضًا في العودة إلى ديارهم وإعادة بناء بلدهم أو بقاء سكانهم في بلدانهم المؤقتة. سؤال مفتوح. لكن يبدو من المرجح أن العديد من اللاجئين الأوكرانيين سيعانون من اضطراب ما بعد الصدمة. PTSD

التاريخ والتحديات الثقافية: لوحظت العلاقات بين الأحداث الجوهرية وما تلاها من أعراض «عصبية» أو نفسية عبر التاريخ الإنساني.و لهذه العلاقات علامات في ثقافات أمريكا اللاتينية كروح الخوف (سوكاسوستوس) [56] وهجمات الرياح (khyâl) في التقاليد الكمبودية. [57]

وفي المجتمعات الغربية، ما يسمى الآن باضطراب ما بعد الصدمة PTSD كان له عدة تسميات سابقة. في القرن التاسع عشر, تضمنت «الصدمة العصبية». [58] في الواقع العسكري في EA, تصف سجلات الحرب الأهلية الأمريكية في أوائل سبعينيات القرن التاسع عشر أيضًا حالة تسمى «قلب الجندي» أو «قلب عصبي» مرتبطة بضغوط القتال. [59] ثم في الحرب العالمية, تم وصف حالة تسمى «صدمة القذيفة». [60] خلال الحرب العالمية الثانية, تم استبدال مصطلح «صدمة القذيفة» تدريجيًا بعبارة «العصاب القتالي». [61] التسميات الأخرى للأوقات العصيبة كانت «عصاب الرعب (schreck neurose), «رد فعل عصبي حاد» و«عصاب محفز»و «متلازمة القلق بعد الحادث»و «هستيريا ما بعد الصدمة»[61] و أثناء الحرب بين الولايات المتحدة وفيتنام, تمت مناقشة «إجهاد المعركة» بشكل متكرر. أخيرًا, في 1980 هو المصطلح الرسمي لهذه المشكلة.

لماذا يصاب بعض الناس بصعوبات نفسية من الصدمة والبعض الآخر لا؟ العوامل الوراثية والفيزيائية والاجتماعية تجعل من الناس يعانون من اضطرابات ما بعد الصدمة.لقد تم الإشارة إلى هذه الأزمة في الأدب العلمي.و لقد وجدنا على سبيل المثال أن المهاجرين من منطقة

الشرق الأوسط وشرق أفريقيا الذين عانوا من صدماتPTSD متعددة في حياتهم كان لديهم أعراض أقل من تلك التجارب لدى الاخرين.وقد ينظر في اضطراب ما بعد الصدمة المعقد لإدراجه في الإصدارات المستقبلية من التصنيف الدولي للأمراض [62]

باختصار, المعايير المستخدمة المعاد صياغتها من 5DSM لتشخيص اضطراب ما بعد الصدمة والمكملة ببعض الأمثلة الخاصة بالمهاجرين هي:

أ. **تعرض الشخص لحدث يهدد حياته أوحياة شخص آخرأوإصابه خطيرة أوعنف جنسي (أوأكثر) بالطرق التالية:**

1. تعرض الشخص مباشرة لحدث أو أحداث صادمة. من بين الأشخاص الذين اضطروا إلى الفرار من بلدهم الأصلي (و/أو في طريقهم إلى بلد جديد) يمكن أن يشمل ذلك التعرض للإصابة أو الاغتصاب أو التعذيب أو السرقة أو الأذى بطريقة أخرى.

2. أن يكون الفرد قد شهد بنفسه الحدث (الأحداث) كما حدث للآخرين مثل الأصدقاء أو أفراد الأسرة. هذا مرة أخرىهو تجربة مشتركة بين الناس الذين خضعوا لهجرات قسرية.

3. علم الشخص أن حدثًا عضويا أو نفسيًا عنيفًا مؤلمًا قد وقع لواحدًا أو أكثر من أفراد الأسرة أو لأحد الأصدقاء. فعلى سبيل المثالعندما يعلم الشخص المريض عن حالة أحد أحبائه الذين كانوا قد قتلوا أو اختطفوا أو فقدوا أحبائهم.

4. الأشخاص المتورطون مرارًا وتكرارًا في التفاصيل المتعلقة بالحدث أو بالأحداث الصادمة. على سبيل المثال قد يرى الناس رفات أحد الأحباء حتى لو لم يروا لحظة الموت نفسهاأو يسمعون مرارًا وتكرارًا تفاصيل وفاة أحد الأحباء أو إصابات خطيرة من الآخرين. ومن الأمثلة

المحزنة التغطية الإعلامية لحرب أوكرانيا التي تظهر قتلى مدنيين في الشوارع.

ب. واحد (أو أكثر) من الأعراض التالية المصاحبة لحدث الصدمة التي تعاني منها:

1. الذكريات غير المرغوب فيها المتكررة والمؤلمة للحدث أو الأحداث الصادمة. يحاول الناس تجنب هذه الذكريات ولكن في كثير من الأحيان لا يستطيعون القيام بذلك.

2. تكرار أحلام او كوابيس التوتر التي تتعلق بالحدث أو الأحداث الصادمة.

3. التجارب التي يشعر فيها الشخص أو يتصرف كما لو أن الحدث الصادم قد حدث مرة أخرى.

4. حالة اكتئابنفسية شديدة أو طويلة عند تجربة الأحاسيس أو رؤية الأماكن أو سماع أشياء تذكر الناس بحادث كارثي.

5. ردود فعل بدنية ملحوظة لظروف ترمز أو تشبه أحد جوانب الحدث (الأحداث) الصادمة التي يعاني منها الفرد. تشمل هذه الأعراض زيادة معدل ضربات القلب والتعرق والغثيان والأعراض العضوية الأخرى.

ج. الميل الدائم لتجنب التنبيهات المختلفة المرتبطة بأحداث الصدمة.

1. يميل الأشخاص المصابون باضطراب ما بعد الصدمة (PTSD) إلى بذل جهود (غالبًا ما تكون غير ناجحة) لتفادي القلق من الذكريات والأفكار أو الشعور بأن هناك طرقًا مرتبطة بالحدث (الأحداث) الرضحية.

2. الناس الذين يعانون من اضطراب ما بعد الصدمة من أجل تجنب التنبيهات مثل الأشخاص والأماكن والمواقف والظروف الأخرى التي تنتج ذكريات مؤلمة عن الصدمة التي مروا بها.

د. التغيرات السلبية في الأفكار والمزاج المرتبطة بالحدث (الأحداث) الصادمة. هذه تبدأ أو تزداد سوءًا بعد وقوع الحدث (الأحداث) الصادمة وتشمل اثنين من التحديات التالية:

1. صعوبات تذكر بعض تفاصيل الحدث (الأحداث) الصادمة (على الرغم من أن التفاصيل الأخرى يمكن أن تكون واضحة تمامًا.) في هذه الحالةيُفترض أن المشكلات في التفكير والتذكير ليست ناجمة عن إصابة في الرأس أو تعاطي الكحول أو المخدرات أو مشاكل نفسية أخرى.

2. المعتقدات والتوقعات الثابتة والمبالغ فيها (على سبيل المثال) "إن كل ما حدث كان خطئي" لا يمكن الوثوق بالناس هذا العالم غير الآمن تمامًا»

3. أفكار ثابتة وغير دقيقة حول سبب و/أو نتائج الأحداث الصادمة التي تؤدي إلى إلقاء اللوم على أنفسهم أو الآخرين.

4. الشعور المتكرر بالخوف أو الرعب أو الغضب أو الذنب أو العار.

5. الاعراض و عدم الرغبة في المشاركة في الأنشطة المسلية والممتعة. في بعض الأحيان يمكن أن يشمل الانسحاب الكاملو الاعراض عن الآخرين.

6. الشعور بالبعدو بالانفصال عن الآخرين بما في ذلك الأصدقاء والأقارب.

7. عدم القدرة المستمرة على الاحساس بالمشاعرو العواطف الإيجابية مثل الرضا أو الحب.

هـ. ردود الفعل السلبية المتزايدة التي تبدأ أو تزداد سوءًا بعد التعرض لأحداث صادمة وهذا يشمل عادة اثنين أو أكثر مما يلي:

1. سلوك سيء أو نوبات الغضب (لسبب صغير أو بدون سبب) يتم التعبير عنها بشكل نموذجي على أنها هجمات لفظية او عضوية تجاه الأشخاص أو الأشياء.
2. السلوك الطائش أو المدمر للذات. (هذا صحيح بشكل خاص للأطفال الذين يعانون من اضطراب ما بعد الصدمة).
3. فرط اليقظة. (هذه حالة من اليقظة المتزايدة. في الناس الذين يعانون من اضطراب ما بعد الصدمة فيتخيلون أخطاراُ خفية أو تهديدات صحية.)
4. تضخيم الاستجابات المذهلة. يميل الأشخاص الذين لديهم تاريخ من الصدمة إلى الشعور بالدهشة والخوف بسهولة من الضوضاء أو الحركات غير المتوقعة.
5. مشاكل التركيز.الذهني (يركز العديد من الأشخاص المصابين باضطراب ما بعد الصدمة الشديد على أفكارهم المزعجة حول سلوك الصدمة السابقة أو صعوبة دفع الانتباه إلى البيئة المحيطة الحالية. وقد يعبرون عن هذه الحالة على أنها «مشاكل في الذاكرة». ولكن الحقيقة هي أن الشخص لا يمكنه تذكر ما لا يستطيع التركيز عليه إبتدئ ب.)

و. **مشاكل كبيرة في النوم**, بما في ذلك الكوابيس, التي تسببها الأفكار الصعبة وغير المرغوب فيها حول الصدمة.

ز. **مدة المشاكل المذكورة أعلاه** أكثر من شهر واحد. إذا كان أقل من شهر واحد, فسيتم تطبيق تشخيص مختلف يسمى «اضطراب الهم الحاد».

ح. **الاضطراب يسبب حالة اكتئاب كبيرة و/أو مشاكل للناس في**
المجتمع أو الوظيفة أو الأنشطة الأخرى في الحياة اليومية، على
سبيل المثال،. بعض الناس يصبحون منجذبين ومربكين لدرجة
أنهم لا يستطيعون التسوق، ويضيعون عندما يخرجون من المنزل
ويحتاجون إلى مساعدة أخرى في معظم الأنشطة الروتينية.

ط. **لم تكن الأعراض الموصوفة** سابقاً ناجمة عن تعاطي مواد(أدوية
او كحول او مهدئات على سبيل المثال:) أو بسبب ظروف طبية
أخرى، استخدم بعض الناس العقاقير في حالة مشاكل صحية،
ولكن، العلاج الذاتي بالمخدرات أو الكحول يمكن بالتأكيد أن يخلق
مشاكله الخاصة (مثل الادمان). حيث أظهرت الأبحاث أن الجمع
بين اضطراب ما بعد الصدمة وتعاطي المخدرات أمر شائع لدى
السكان المهاجرين. [63] لكن لتشخيص اضطراب ما بعد الصدمة
(PTSD) يجب أن يكون الاذى المتفرع كاستجابة لتجربة مؤلمة.

من المهم ملاحظة أن بعض الأشخاص الذين يتصرفون في شكل من
أشكال الدفاع عن النفس، ربما يكونوا قد ارتكبوا أعمال عنف. في هذه
الحالة قد يعانون من صدمة نفسية [64] مترتبة على ذلك على سبيل المثال
،الجنود المجبرين الذين تعرضوا لأطفال وقد لا يكون لديهم أي خيار في
هذا الشأن. [65] باختصار ،فتجارب الصدمات غير واضحة دائمًا في التمييز
بين «الضحايا» و «الجناة».و يمكن أن تتداخل هاتان الفئتان. وليتم
التعرف عليهم كأعداء من قبل زملائهم المهاجرين. وهذا يعقدالقضايا
القانونية والأخلاقية.

في حين أن اضطراب ما بعد الصدمة يمكن أن ينتج تغيرات فيزيائية
في الدماغ [66] و كيف يتفاعل الدماغ المعرض للصدمة تلقائيًا عندما يدرك
أن الخطر يميل إلى التغيير. على سبيل المثال، نظر الباحثون في الطريقة
التي تتعرف بها أدمغتنا على التهديدات، فالأشخاص الذين عانوا من

الصدمة، يرى الجزء البدائي من الدماغ مخاطر في كل مكان يمكن أن تسبب تفاعلًا دراماتيكيًا. في المقابل، يميل الأشخاص الذين ليس لديهم تاريخ كبير من الصدمات إلى تفسير الأشياء على أنها أكثر قابلية للسيطرة. بشكل عام، تميل التجارب الصادمة إلى تغيير كيفية تعاملنا مع الأخطار، وكيف أنه ليس من المناسب أن تستدعي استجابة قوية، وكيف نستجيب (من حيث التصرفات البدنية والمشاعر) للمخاطر

ونتيجة لذلك، فإن الأشخاص الذين يعانون من اضطرابات سلوكية في التمييز وهي حالة غير واقعية عملياُو لا تشكل تهديدًا شديدًا. فبعد المرور بظروف خطيرة وغير متوقعة، يصبح من السهل أن يفاجأ الناس (على سبيل المثال، شخص يسير خلفهم). كما ورد في المعايير التشخيصية التي نوقشت سابقًا لاضطراب ما بعد الصدمة، غالبًا ما يتم «تشغيلها» بشكل خاص من خلال التذكير بصدمة سابقة. وهذا ليس بالضرورة رد فعل طوعي مدروس ولكنه يتضمن استجابات ذاتية «للقتال أو الهروب» في أجزاء أكثر أساسية من الدماغ (مثال اميجدالا Amygdala)[67] باختصار، يتجاوز الدماغ التحليل العقلاني ويذهب مباشرة من الهدوء النسبي إلى خوف شديد قد لا يتناسب مع مستوى الخطر الحقيقي. عادة ما يكون الأشخاص الذين لديهم مثل هذه التجارب يقظين بشكل مفرط لأنهم يتعاملون مع طرق مبتكرة لوقف حدوث كارثة لاحقة

الغضب هو رد فعل شائع آخر للصدمة. وهذا وصف المركز الوطني الأمريكي لما يسمى (اضطراب ما بعد الصدمةPTSD)[68] يوصف كعنصر اساسي من استجابة البقاء على قيد الحياة لدى البشر ولكن إذا أصبحت ردود الأفعال الغاضبة عادة، فمن الواضح أنها تسبب مشاكل في حياتنا

هناك أدلة عندما يتفاعل الناس مع شيء ما في معصمهم يتعامل مع شيء ما مع ذلك. ينظر إلى الصعوبات البسيطة على أنها متطرفة. إنهم يميلون إلى رؤية أنفسهم ضحايا أكثر من كونهم ناجين.[69] القلق هو

أمر معتاد على الرغم من تفاقمه وسخطه. تشير الأبحاث الجيدة إلى أن الأفكار الإيجابية يمكن أن تؤدي أيضًا إلى تحسين أداء الدماغ العضوي.

يمكن أن يكون هذا الكتاب مكتملاً دون الإشارة إلى ردود الفعل العاطفية من قبل مقدمي الرعاية الصحية والعاملين في الخدمة الاجتماعية وموظفي أمن الحدود ومتخصصي الهجرة (على سبيل المثال، المحامين والمترجمين الفوريين) وغيرهم ممن يسمعون عن الأحداث الصعبة التي يتعرض لها الأشخاص الذين يتعاملون معهم. لقد شعرت بمثل هذه الصدمة أثناء جائحة COVID-19 التي تتسبب خلال علاج المرضى - مع وجود عدد كبير منهم والمرضى المحتضرين يومًا بعد يوم، وبالمثل، يمكن للأشخاص الذين يعملون مع اللاجئين الشعور بهذه الصدمة.

تمكن استجابة البقاء على قيد الحياة في البشر في المواقف الخطرة أن يعطي الطاقة اللازمة للبقاء على قيد الحياة.

هناك أدلة عندما يتفاعل الناس مع شيء ما في معصمهم يتعامل مع شيء ما مع ذلك. ينظر إلى الصعوبات البسيطة على أنها متطرفة. إنهم يميلون إلى رؤية أنفسهم ضحايا أكثر من كونهم ناجين. [69] القلق هو أمر معتاد على الرغم من تفاقمه وسخطه. تشير الأبحاث الجيدة إلى أن الأفكار الإيجابية يمكن أن تؤدي أيضًا إلى تحسين أداء الدماغ. [70] يمكن أن يكون هذا الكتاب كاملاً بدون الإشارة إلى ردود الفعل العاطفية من قبل مقدمي الرعاية الصحية والعاملين في الخدمة الاجتماعية وموظفي أمن الحدود ومتخصصي الهجرة (على سبيل المثال المحامين والمترجمين الفوريين) وغيرهم ممن يسمعون عن الأحداث الصعبة التي يتعرض لها الأشخاص الذين يتعاملون معهم. لقد شعروا بمثل هذه الصدمة خلال جائحة COVID-19 التي تُعالج - في الوقت الذي يتزايد فيه عدد المرضى والمرضى المحتضرين يومًا بعد يوم. [71] ان مفهوم الصدمة عبر الأجيال

مترابط إلى حد ما. وهو ردود فعل الصدمة التي تنتقل من جيل أولئك الذين يختبرون[72]

الأحداث الأصلية مباشرة إلى الأجيال التالية. بحيث يمكن للأطفال، على سبيل المثال، أن «يرثوا» ردود فعل الصدمة من آبائهم. ويمكن أن تشمل هذه سماع قصص كأدلة عن أحداث صادمة.وطرق غير مجدية يستخدمها الكبار في التعامل مع الصدمات[73]

من المهم بالإضافة إلى ذلك معالجة اضطراب ما بعد الصدمة وإصابات الدماغ المصاحبة (TBIs).و هي إصابات في الدماغ والجمجمة وفروة الرأس تضعف الأداء النفسي للشخص.وبالمثل يمكن للأشخاص الذين يعملون مع اللاجئين أن يستشعروا عودة الصدمة بين الحين والآخر وعواقب الحرب والتعذيب والتجارب المروعة الأخرى.

إن انتشار إصابات الدماغ الرضية بين السكان المهاجرين غير معروف جيدًا. ولكن يُعتقد أنه كبير بين اللاجئين الذين تعرضوا للعنف الشديد أو غيره.[74] بالإضافة إلى ذلك من الأفضل وجود روابط قوية بين TBIs وPTSD. ليس من المستغرب أن يصاب الشخص باضطراب ما بعد الصدمة بعد تعرضه لصدمة في الرأس. تميل كلتا الحالتين أيضًا إلى ظهور أعراض متشابهة ومشاكل في النوم والتركيز والذاكرة والمزاج[75] من المهم أن يتتبع المرضى ويشاركون تاريخ الصدمات العضوية الكاملة عند حصولهم على المساعدة الطبية. بهذه الطريقة يمكن تطبيق العلاج المناسب.

سنكتشف لاحقاً أشكال مختلفة من المعالجة السهلة لـ PTSD. لكن هناك بعض الأشياء التي يجب مراعاتها أولاً. على سبيل المثال في تجربتنا يخشى الأشخاص المصابون باضطراب ما بعد الصدمة أحيانًا من الذهاب إلى العلاج معتقدين أنه سيُطلب منهم رواية قصة صدمتهم مرارًا وتكرارًا. هناك علاجات يتم فيها تحديد ذلك ولكن مثل هذه الحالات

عادة ما يتم وضعها في مكانها حيث يمكن للأشخاص مراقبتها عن كثب
للتخفيف من ردود الفعل الضارة.

في العيادات الخارجية الخاصة بنا نبذل الكثير من جهودنا في
التفكير في المستقبل والتخطيط له.و التعامل مع تجربة الصدمة بشكل
أفضل وإيجاد طرق بناءة لاستخدام تلك التجربة وبطريقة بسيطة و في
الحياة اليومية. [69]

مثال حالة معالجة من واكيم ريمان
Joachim Reimann:

فيما يلي مثال لمريض كان قلقًا بشأن الاضطرار إلى سرد قصته مرارًا
وتكرارًا أثناء العلاج:

عملت خلال العشر سنين الماضية مع مرضى من الذين فقد زوجته
وأطفاله في كارثة طيران. لقد عاش في جنوب أمريكا والبلد في الوقت
المناسب. على مدار فترة العلاج النفسي تحسنت أعراض الغثيان
وأكملنا العلاج. كان متعلمًا جيدًا وحصل في النهاية على وظيفة جيدة في
جزء آخر من كاليفورنيا كان على بعد أكثر من 100 ميل تلقيت مكالمة
غير متوقعة منه في . ثمفي مارس 2014.و كان ذلك عندما اختفت
رحلة الخطوط الجوية الماليزية رقم 370. واستمر بث خبر هذا الحدث
لأسابيع. ولا يمكن خلالها مشاهدة الاخبار دون هذا الخبر.وبسبب
التشابه بين هذه الكارثة وتجربته الخاصة ظهرت الاعراض مرة أخرى.
فكرت في البداية أنه يجب على هذا الرجل أن يستعين بطبيب نفساني
محلي نظرًا لأنه غير اقامتهو انتقل الآن بعيدًا.

كان للقصة نهاية جيدة.و المريض تحسن وشفي بشكل جيد في النهاية.
وهذه المصادقة مثال مفيد على كيف أن كارثة حالية مماثلة لكارثة
سابقة يمكن أن تثير الذكريات السيئة لدى الأشخاص الذين لديهم
تاريخ صدمة.

ملاحظة أخيرة: واجهنا على مدار ممارستنا أشخاصًا يبدون طبيعيون للوهلة الأولى. ولكن لديهم حالة من الغضب لمواجهة مشاكلهم البسيطة ومن الذين يبدو أن لديهم عيوبًا كبيرة في الشخصية. و قد يأتون أيضًا بمجموعة متنوعة من التشخيصات التي يقدمها الأطباء الآخرون لهم ولكن عندما نستكشف تاريخهم بالكامل يتبين أنهم عانوا من صدمة نفسية كبيرة. كما تم وصفه سابقًا فإن الأشخاص الذين يفرون من الحرب والجريمة والتهديدات الأخرى للحياة في بلدهم الأصلي (وكذلك أثناء سفرهم) يتعرضون في الغالب لأحداث صادمة ويصبح هذا التفكير مهمًا مع بعض المجموعات

٣

التشخيص النفسي العام

لقد ركزنا حتى الآن على التحديات التي يمكن أن يتعرض لها المهاجرين من الصدمة النفسية. و نقدم أدناه بعض الأمثلة ولن يغطي هذا كامل نطاق الاضطرابات النفسية المعروفة. بدلا من ذلك سنركز على السكانذوي الصلة بالمهاجرين.

توجد فئة واسعة واحدة وهي القلق وآثاره.و لها أسماء مختلفة حسب الثقافات ففي اللغة الإسبانية و البرتغالية. يُترجم المصطلح تقريبًا إلى اللغة الإنكليزية على أنه «هجمة عصبية» وظهر لأول مرة في النسخة الرابعة المنقحة من الدليل التشخيصي والإحصائي للاضطرابات النفسية (DSM-IV-TR)[76] و يفيد في تعلم كيفية وصف الصعوبات النفسية في بلدهم الجديد.و هذا يزيد من فرص أن يكون لكليهما إطار مرجعي مشترك.فيها

تشمل الظروف النفسية الأخرى أنماطًا صوتية مختلفة للاكتئاب والاضطرابات الذهنية واضطرابات الشخصية واضطرابات الأكل والاضطرابات المتعلقة بالتعاطي.

كم مرة تحدث هذه الظروف أو لا تحدث في مجموعات المهاجرين. ثانيًا من المهم أن نفهم أن الطريقة التي تظهر بها الظروف في الناس تختلف من ثقافة إلى أخرى. هذا الفهم يقلل من احتمالية التشخيص الخاطئ.

القلق

لدى كثير من الناس بعض المعرفة أو الخبرة في حالة القلق.واعراضه العامة كالعصبية المفرطة و الرجفة و مشاكل في المعدة. بعض الناس يصابون بالذعر (ومن هنا يطلق عليه اسم «نوبة الهلع») ويعتقدون أن الأعراض تعني أنهم يعانون من نوبة قلبية.

يمكن أن يكون الخوف قصير المدى مفيدًا: ففي المواقف الخطرة والمهددة للحياة يتفاعل جسمك مع زيادة في ضربات القلب وضغط الدم والتنفس ويتخذ الجسم تدابير أخرى تساعد على فرصتك في البقاء على قيد الحياة. ولكن بعد زوال التهديد الفعلي يجب أن يستغرق الأمر حوالي 20 إلى 60 دقيقة حتى يعود الجسم إلى طبيعته.

يصبح القلق نوعًا من «الاضطراب» عندما لا يتعلق فقط بالمخاوف اليومية التي يشعر بها معظمنا. عندما تكون أعراض القلق أكثر شدة وأعلى بكثير من الحالة الفعلية فإنها تصبح مُرهقة في كثير من الأحيان. مستويات القلق الإشكالية شائعة إلى حد ما. ما يقرب من 34٪ من سكان العالم سيواجهون مشاكل في مرحلة ما.[77]

بشكل عام يعاني المهاجرون الوافدون حديثًا من اضطرابات القلق بنفس التكرار أو في كثير من الأحيان أقل من نظرائهم في السن من مواليد البلد[78] بالإضافة إلى ذلك يمكن أن يكون للتوتر الذي يصاحب التثاقف بمجرد أن يعيش الناس في بلدهم الجديد تأثير. يميل المهاجرون الذين لديهم نظام دعم قوي للأسرة والمجتمع إلى أن يكونوا أقل قلقًا من أولئك الذين ليس لديهم مثل هذه الشبكة. وقد حددت بعض الدراسات التي أجريت على اللاجئين السوريين انتشار القلق بنسبة 31.8٪ بين السكان[49]

وهناك العديد من اضطرابات القلق المختلفة. نسلط الضوء على القليل أدناه.

اضطراب القلق العام (GAD) هو حالة القلق بشأن موقفين مرهقين بدلاً من القلق بشأن العديد من الأشياء طوال الوقت تقريبًا. هذا القلق المستمر يجعلهم مرهقين ومتعبين. لديهم صعوبة في السيطرة على قلقهم. إن القلق المستمر والمنتشر يشتت انتباههم عن التفكير في الخطط والإجراءات التي يمكن أن تحل مشكلاتهم حيث يتحولون إلى قلة وسرعة الانفعال ويواجهون صعوبات في التركيز ولا ينامون جيدًا. تتداخل هذه الأعراض مع قدرتهم على العمل في المواقف الاجتماعية وفي العمل والأنشطة الأخرى.

اضطراب الهلع مع رهاب الخلاء. Panic disorder with agoraphobia يميل الأشخاص المصابون باضطرابات الهلع إلى تجربة «نوبات الهلع» التي تشمل مجموعة من الأعراض مثل خفقان القلب وآلام الصدر وضيق التنفس والتعرق وأحيانًا الغثيان والدوار.

لأن هذه الأعراض يمكن أن تشبه اعراض نوبة قلبية فإن التجربة تخلق الخوف. و تصبح هذه كحلقة مفرغة وتتزايد أعراض الذعر والخوف مما يؤدي لزيادة أعراض الهلع.

بجانب نوبات الذعر نفسها, يعاني الناس أيضًا من مشاكل أخرى. و هم دائما قلقون من هجمة أخرى مفاجئة مما يجعلهم أيضا يتجنبون أي أماكن وظروف يعتقدون أنها ستسبب هجمة أخرى وهذا يعني في كثير من الأحيان تجنب المتاجر وقيادة السيارة فوق جسر أو مجرد التواجد وسط حشد من الناس. و هذا يسمى «رهاب الخلاء»وهومشتق من اللغة اليونانية و المصطلح يتكون من الكلمات agorā (مكان التجمع). و phobia الرهاب (الخوف).و في بعض الحالات، مخاوف من هجمة أخرى شديدة لدرجة تجعلهم يشعرون أن مغادرة منازلهم غيرآمنة على الإطلاق كما أن الناس أنفسهم يواجهون مشاكل أخرى بسببه. يُطلق على هذا «رهاب الخلاء». مشتق من اللغة اليونانية المصطلح (اماكن التجمع)

والرهاب (الخوف).

لا يتأثر المهاجرون كثيراُ كمجموعة بخطورة رهاب الخلاء. ففي دراسة أمريكية على سبيل المثال لم تجد اختلافًا جوهريًا بين المهاجرين من المكسيك وأقاربهم المولودين فيها[79] و لا اختلاف في معدلات هذا الخوف من الرهاب. و في الواقع، أظهرت دراسة إسكندنافية أن العرق النرويجي كان كذلك أكثر عرضة للإصابة برهاب الخلاء من المهاجرين غير اللاجئين في حين أن اللاجئين لديهم معدلات أعلى من اضطراب ما بعد الصدمة PTSD والاكتئاب، ولم يكن هذا هو الحال بالنسبة لرهاب الخلاء[80]

اضطراب الوسواس القهري(OCD). يعاني الأشخاص المصابون بالوسواس القهري من أفكار ودوافع وأحاسيس مستمرة غير مرغوب فيها تجعلهم يعتقدون أنه يجب عليهم تكرار السلوك مرات عديدة حتى لا يشعروا بالقلق. يطور بعض المصابين طقوسًا يحتاجون فيها إلى فحص الأشياء عددًا محددًا من المرات. لدى البعض مخاوف غير واقعية من التلوث بالجراثيم أو الأوساخ. يشعر الآخرون بالقلق بشكل مفرط بشأن وضع السكاكين والشوك والملاعق على المائدة والأقلام أو وضع الورق الشخصي والأشياء الأخرى التي إذا لم يتم ترتيبها بشكل مثالي فلن تحدث أي فرق عملي

يمكن أن يكون لدى العديد من الأشخاص الذين يعانون من اضطراب الوسواس القهري أيضًا - أفكار مقلقة على سبيل المثال التكرار في بعض السلوكيات. والتحقق من الأسباب هو وجود مشاكل جوهرية في حياة الأشخاص. يعرف الآخرون أن هذه السلوكيات تنطوي على مشاكل ولكن لديهم مشكلة في إيقافها. قد يحاولون مثلاً، تجاهل الأفكار الإشكالية، لكن دون جدوى [11]

في حين أنه لا يوجد اناس محصنون من الوسواس القهري، إلا

أن الدراسات لم تربط الاضطراب بالصدمات أو تجارب الحياة الأخرى الشائعة بين المهاجرين.[81]

اضطرابات الاكتئاب ثنائي القطبية

يعرف معظم الناس بعض الحالات العاطفية التي تشكل الاكتئاب. ربما عانوا من الحزن في نقاط من حياتهم. لكن الاكتئاب الإكلينيكي يكون أكثر شدة من الكآبة المؤقتة، في بعض الأحيان, تشعر عندما نعيش تجربة سيئةمعظم الناس يعرفون بعضًا من الحالات العاطفية التي تشكل الاكتئاب.و ربما عانوا من مواقف حزن في حياتهم. لكن يكون الاكتئاب السريري أكثر شدة من الكآبة المؤقتة التي نشعر بها أحيانًا عندما نواجه تجربة سيئة. غالبًا ما يشتمل هذا النوع من الاكتئاب على نوبات بكاء متكررة وعجز ومشاعر اليأس لا سيما بشأن المستقبل. يميلون إلى مشاكل التركيز والنوم. يكتسب البعض أيضًا أو يفقد كميات كبيرة من الوزن لأنهم بدأوا في تناول كميات أقل أو أكثر مما كانوا عليه في الماضي. في الحالات الأكثر شدة قد يفكر الأشخاص الذين يعانون من الاكتئاب الشديد في الانتحار. هناك عدة أنواع من الاكتئاب.

كما هو الحال مع الأعراض العاطفية الأخرى فإن المهاجرين الذين لديهم تجارب صعبة بشكلخاصالفقر والعنف يبدو أنه يسبب المعاناة من الاكتئاب. أولئك الذين لم يعملوا وأقل تعليما كانوا أكثر عرضة للإصابة بالاكتئاب.[82] وجدت دراسة أخرى من السويد أنه من بين اللاجئين السوريين الذين أعيد توطينهم هناك كان 40.2٪ مكتئبين سريريًا او إكلينيكيًا.[49]

ومع ذلك لا ينطبق هذا الاتجاه على جميع مجموعات المهاجرين. أظهر بحث أجراه «زافلارسكي Szaflarski » وزملاؤه[83] أن المهاجرين بشكل عام يعانون من معدلات اكتئاب أقل من السكان الأصليين في بلدهم

الذي تم تبنيه. بشكل عام كشفت الأبحاث أن 15.2٪ من عموم السكان قد عانوا من شكل متكرر من الاكتئاب على مدار حياتهم.[84]

الاكتئاب الشديد. في حين أن الاكتئاب غالبًا ما يكون ناتجًا عن التجارب السيئة للشخص إلا أنه يمكن أن يظهر أيضًا دون أي سبب محدد وهذا السبب في الاكتئاب يمكن أن يكون له أصول بيولوجية.

مجال الضغط النفسي. تشمل معايير التشخيص الرسمية حالة مزاجية شبه ثابتة وحزن وفقدان اهتمام ومرح ونوبات من البكاء والشعور بالتعب الشديد ومشاكل النوم والشعور بالعجز واليأس وانعدام القيمة ومشاكل التركيز والتغيرات في الشهية. إنه نوع من المزاج حيث تريد فقط البقاء في السرير وتغطية رأسك والشك في أنك ستبدأ بالشعور بشكل أفضل. يميل الاكتئاب الشديد إلى التدخل في قدرة الشخص على القيام بالأعمال المنزلية الأساسية. مجرد الاستحمام قد يبدو وكأنه الكثير من العمل. أفكار الانتحار شائعة لدى الأشخاص الحزينين للغاية.

اكتئاب الديثيميا.يكون في بعض الحالات نوع من الأعراض الشائعة للاكتئاب الشديد في بعض الحالات لا يكون نوع الأعراض الشائعة في الاكتئاب بهذه الحدة, لكنها لا تزول

قد يستمر الناس في ممارسة الأنشطة الأساسية. ولكن وصِف عسر المزاج على أنه كمن يتجول حاملاً أوزاناً من الرصاص.و لا يزال في بعض الأحيان بإمكان الناس تحقيق أهدافهم. ولكن يمكن أن يؤدي هذا إلى فرصة أكبر للفشل في الأنشطة اليومية ويمكن أن يقلل من الثقة بالنفس.[9]

الاكتئاب و الاضطراب ثنائي الاتجاه. يتضمن هذا الاضطراب الذي يُسمى أحيانًا «الاكتئاب ثنائي القطب» أو «الهوس الاكتئابي» أعراض الاكتئاب الشديد الموصوفة أعلاه. ولكنه يشمل أيضًا الأوقات

التي يكون فيها الناس يتمتعون بقدر كبير من الطاقة ويكونون متحمسين بشكل مفرط ويكونون مدفوعين للقيام بأنشطة كثيرة ويشعرون بأنهم لا يقهرون. إنهم ينفقون الكثير من المال على أشياء لا يحتاجونها أو يقومون باستثمارات سيئة. قد يقامرون ولا يعرفون متى يتوقفون. قد يبقون طوال الليل. قد يقودون سيارة أو دراجة نارية بطرق خطيرة. [11]

يتنقل الأشخاص المصابون بالاضطراب ثنائي القطب عادة ذهابًا وإيابًا بين الاكتئاب والأوضاع المختلفة.

يمكن أن يصاب الأشخاص المصابون بأحد أشكال الاكتئاب بأعراض ذهانية. وتشمل هذه أن تصبح بجنون العظمة وسماع أو رؤية أشياء غير حقيقية. سنناقش أعراض الذهان وتفصيلاً أكبر أدناه.

لحسن الحظ تُظهر الأبحاث أن مجموعات المهاجرين ليست معرضة لخطر الإصابة بالاضطراب ثنائي القطب أكثر من نظرائهم المولودين في الوطن. [85]

الاضطرابات النفسية

عندما يقلق الناس من وصفهم بأنهم «مجانين» فإنهم غالبًا ما يربطون الكلمة بالأعراض الذهانية. تميل هذه إلى أن تشمل الهلوسة (رؤية أو سماع أو الشعور عضويا بأشياء ليست موجودة بالفعل) والأوهام بما في ذلك جنون العظمة (على سبيل المثال الاعتقاد بأن الأشخاص لا يوجدون في الواقع). يعاني الأشخاص المصابون بالذهان من مشاكل في توضيح أنفسهم عند التحدث إلى الآخرين وفي بعض الأحيان القفز من موضوع إلى آخر بطرق لا معنى لها. غالبًا ما يبدو أنهم فقدوا فهمًا لما حولهم حول العالم وتحولوا إلى تخيلات غريبة يعتقدون بقوة أنها حقيقية. ينسحب بعض المصابين بالذهان من الآخرين ولا يظهرون أي

مشاعر. أظهرت الدراسات أن الأشخاص المولودين في البلاد المصابين بالذهان يعانون من أعراض مشابهة بشكل ملحوظ بغض النظر عن البلد الذي يعيشون فيه.[86]

غالبا ما ترتبط الأعراض الذهانية بالفُصام. يبدو أن هذا الاضطراب يتطور بسبب وجود مشاكل عضوية في الدماغ. لذلك يمكن فهمه على أنه مرض عضوي مع مؤشرات له جزئيًا ومكون وراثي بحيث يمكن أن ينتقل من جيل إلى جيل في الأسرة. لكن وجود فرد من العائلة مصاب بالفصام لا يعني أن كل فرد في الأسرة سيصاب به أيضًا.

والأهم من ذلك أن الفصام ليس مرضًا وحيدًا مصحوبًا بأعراض المرض ويمكن أن تظهر أعراض هذه الأعراض أيضًا في الأشخاص الذين يعانون من الاكتئاب الشديد أو لديهم إصابات في الدماغ أو يعانون من مشاكل أو مشاكل مع الغدة الدرقية أو لديهم خبرة في الصدمات أو لديهم ردود فعل سلبية تجاه الأدوية أو لديهم العديد من الحالات المرضية الأخرى يقوم شخص واحد بتحليل دقيق بواسطة أخصائي مدرب ومختص مرخص.

توصلت الدراسات إلى أن أعراض الذهان أصبحت أكثر شيوعًا بين اللاجئين الذين يفرون من العنف والاضطهاد مقارنةً بالمهاجرين الآخرين أو عامة السكان.[87] في السويد وجدت الأبحاث أن جميع أنواع الاضطرابات الذهانية كانت أكثر شيوعًا بين المهاجرين وأطفالهم من الأفراد المولودين في البلاد. كانت مخاطر حدوث مثل هذه المشاكل أعلى في المهاجرين من أفريقيا.[85] أظهرت دراسات سويدية أخرى أن اللاجئين المؤهلين للحصول على اللجوء هم أكثر عرضة للإصابة بالفصام أو اضطرابات نفسية أخرى بنسبة 66٪ من المهاجرين غير اللاجئين. كما أنهم كانوا 3.6 مرات أكثر على الأرجح في اضطرابات نفسية نمائية أكثر من السكان السويديين الأصليين.[88]

وقد لوحظت الاتجاهات السائدة في العديد من البلدان الأخرى.[89]
بشكل عام المهاجرون الذين ينتمون إلى أوروبا من منطقة البحر الكاريبي
وأفريقيا وآسيا والوسط الشرقي من شرق آسيا من المرجح أن يصابوا
بالفصام مقارنة بمناطقهم الأصلية.[90] و[91] الجينات تحدد احتمالية
الإصابة بالذهان، بعبارة أخرى[92] فإن الأشخاص الذين يتصرفون بضعف
نفسي وراثي ثم يجدون أنفسهم في مواقف مرهقة بشكل خاص هم الأكثر
عرضة للإصابة بالمشكلة. أولئك الذين تعرضوا لصدمات نفسية بسبب
الحرب أو الجريمة والذين تعرضوا لنوع من الأذى في الرأس وأولئك الذين
يعانون من اضطرابات نفسية - كآبة بشكل خاص من التي تمت مناقشتها
سابقًا الضغوطات الاجتماعية بما في ذلك التثاقف وصعوبات التمييز
التي تفاقم الضيق[93]

يمكن أن يتطور الذهان في كثير من الأحيان على مدار حياة
الشخص. لكن المراهقين والشباب هم الأكثر عرضة للخطر ربما بسبب
كيفية تطور أدمغتهم خلال تلك الفترة.

قد يكون من المفاجئ أن يدرس الأشخاص الذين يعانون من الذهان
أن الناس الذين يعانون من الذهان قد تأثروا بقوة الدول المتقدمة التي
تميل إلى التمتع بنوعية حياة أفضل من تلك الموجودة في الدول الأكثر
تصنيعًا. كما يحظى مقدمو خدمات الصحة النفسية باحترام كبير
وبالتالي فإن مرضاهم لا يزالون قريبين من توصيات العلاج[94].

ليس من المستغرب أن يقلق الذين لديهم تجارب غريبة انه يمكن
أن يكونوا «مجانين». قد يبدأون في سماع أو رؤية أشياء لا يستطيعون
تفسيرها. ولكن ليست كل هذه الحوادث مرتبطة بالذهان. نحن نعرف
مريضاً واحدًا في عيادتنا بدأ سماع أصوات مكتومة. لم يبد له أن تلك
الأصوات تتحدث معه وكانت غير متوقعة بالنسبة للذهان. ليس من
المستغرب أن يقلق الشخص مما يحدث له. بعد بحث المشكلة بالتفصيل

تم إرساله لإجراء اختبار فحص أذنيه.و قد أصلحت المعاينة السمعية في نهاية المطاف بعض الصعوبات لكن هذا لم يستثني وجود صعوبات نفسية أخرى. ولكن تم حل مشكلة واحدة على الأقل.

التقلبات الشخصية

في كتابنا «مفاهيم المهاجرين: مسار حياة الاندماج» نصف بعض الظروف التي يمكن أن يكون فيها أسلوب تعامل الشخص مع العالم الآخر أمرًا صعبًا ومثيرًا أكثر من ذلك. يمكن أن تسبب اضطرابات الشخصية أو تزيد من الصعوبات الحالية للأشخاص المهاجرين.

تُعرّفها الأوصاف الرسمية بالاضطرابات الشخصية على أنها طويلة الأمد وعميقة الجذور وغير صحية.و تميل إلى التسبب في خلل في التفكير والتصرفو مشاكل في العلاقات والأنشطة الاجتماعية والعمل والمدرسة. تبدأ اضطرابات الشخصية بشكل عام في مرحلة المراهقة والبلوغ المبكر. من المهم أيضًا أن يُنظر إلى فعل اضطراب الشخصية على أنه أمر شائع إلى حد ما. بالإضافة إلى ذلك تميل طرق التعبير العاطفي إلى الاختلاف مع الأعراف الثقافية.و ما يميز الأشخاص الذين يعانون من اضطراب الشخصية عن الآخرين هو:

1. التطرف الذي يتخذون تجاهه المواقف والسلوكيات المختلة التي يحاولون اتباعها مع الآخرين و
2. أعراضهم تبدأ في علاج مشاكلهم.

غالبًا لا يدرك الناس أنهم يعانون من اضطراب في الشخصية. إن طريقة تفكيرهم والتصرف تبدو مثالية لهم بشكل طبيعي وبالتالي فإنهم يتجهون إلى لوم الآخرين بمشاكلهم و يكونون مندفعين وينزعجون بسهولة عندما لا تسير الأمور على طريقتهم. الأشخاص المصابون باضطرابات

الشخصية والذين لديهم أيضًا تشخيص نفسي آخر غالبًا ما يشعرون بالضعف العاطفي ويستخدمون خدمات الطوارئ بما في ذلك الاستشفاء النفسي أكثر من غيرهم من السكان.[95]

هل اضطرابات الشخصية مشكلة خاصة بالمهاجرين؟ تقول بعض الأبحاث أن هذا غير محتمل. في الواقع، وجدت إحدى الدراسات الأمريكية أن الجيل الأول من المهاجرين الأمريكيين الذين لا حول لهم ولا قوة يُشخصون على الأرجح باضطراب في الشخصية[96] وقد تم العثور على نتائج مماثلة في أوروبا[97] ومع ذلك، نعتقد أنها مهمة لتسليط الضوء على الصعوبات التي يتعرض لها هؤلاء المهاجرين الذين يعانون من اضطراب في الشخصية لأن مثل هذه الاضطرابات، عندما تحدث، تميل إلى التسبب في مشاكل كبيرة لهم وكذلك للأصدقاء وأفراد الأسرة وغيرهم من حولهم

بالإضافة إلى ذلك تُظهر تجربتنا السريرية أن بعض الأشخاص الذين تم تشخيصهم باضطراب في الشخصية يعانون حقًا من تاريخ الصدمة مع الأعراض التي يبدو أنها تستند إلى الشخصية التي يعتقد أنها أفضل تفسير لما يعانون منه.

هناك العديد من اضطرابات الشخصية المختلفة. سبع منها أساسية موصوفة بإيجاز أدناه: اتجاهات الهجرة المرتبطة بهذه الاضطرابات.

اضطراب الشخصية المرتبط بالهوس (Paranoid personality)
يُعرَّف من خلال عدم الثقة المستمر أو الشك في الآخرين. يعتبر الأشخاص المصابون بهذا الاضطراب من حولهم دنيئين ويغشون أو يخدعون أو يخدعون أو يؤذونهم على الرغم من عدم وجود أثر إلى حقيقة ذلك. غالبًا ما يبدو الأصدقاء وأفراد العائلة مريبين لأولئك المصابين باضطراب الشخصية الارتيابية. يميل الناس إلى أن يكونوا مهووسين بشكوكهم - ويتوقعون دائمًا أن يتم استغلالهم. حتى التعليقات والأحداث الروتينية يُنظر إليها على أنها تهديد. هذا يحد من قدرتهم على الثقة وطلب المساعدة

من الأصدقاء وأفراد الأسرة والمهنيين [11]

وتجدر الإشارة إلى أن البارانويا يمكن أن تكون أيضًا جزءًا من الاضطرابات النفسية الأخرى. وهناك أوقات يريد فيها الآخرون فعلاً إيذاء الآخرين بطريقة ما. لذا فإن القول «إنه مجرد جنون العظمة[98] إذن لم يكن صحيحًا» ويجدرأن نتذكره.

المعلومات حول أي صلات بين اضطراب شخصية المصاب بجنون العظمة ومجموعات المهاجرين محدودة للغاية. ولكن من المهم أن نقول إن التاريخ الصعب من الصدمات التي يواجهها بعض مجموعات المهاجرين قد يدفعهم اكثر لاتخاذ مواقف دفاعية

يمكن لأي عدوان او تحيز يواجهونه في بلدهم المتبنى أن يضيف إلى شعورهم الدفاعي بعدم الثقة والذي يمكن أحيانًا تحديده عن طريق الخطأ على أنه اضطراب في الشخصية بجنون العظمة. لكن ليس من الواضح ما إذا كان أي تاريخ من الصدمة و/أو التمييز قد تم اعتباره مستخدماً لهذه المدة.

اضطراب الشخصية الفُصامية (الانفصامية) يتسم بنقص مستمر في الرغبة في تكوين علاقات وثيقة مع الآخرين. الناس الذين يعانون من هذا الاضطراب هم في العادة من الانفراديين ولا يجدون المتعة أو الراحة في العلاقات الاجتماعية فهم قليلون إن وجدوا أصدقاء لا يهتمون بالثناء أو النقد ويبدو أنهم باردون عاطفياً وغير مهتمين. هذا يفصلهم عن الراحة ودعم الأصدقاء وأفراد الأسرة الذين يحصل معظمهم على المساعدة.[11] المؤلف جون روبرت تشاني[99] الذي أبلغ عن نفسه بأنه يحاول التعامل مع اضطراب الشخصية الفصامية و يلاحظ أن الأشخاص الذين يعانون من هذه المشكلة يحاولون استخدام حياتهم الخيالية كوسيلة للتكيف. لكن هذه الاستراتيجية لا تعمل. لسنا على علم بأي دراسات تظهر أن المهاجرين يعانون من اضطراب الشخصية على

وجه الخصوص.

اضطراب الشخصية المعادية للمجتمع يتم توصيفه بعيدًا عن الحياة وشخصية غير مباليةو غالبًا ما تنتهك حقوق الآخرين. الناس الذين يعانون من هذا الاضطراب يتعاملون مع من يهمهم الربح الشخصي بغض النظر عن التكلفة التي يتحملها الآخرون ولا يبالون بسلوكهم. غالبًا ما يرتكبون جرائم ويكونون مندفعين وغير متحمسين ويمكن أن يكونوا خطرين وبعبارة أخرى إذا كانت هناك شخصية إجرامية أساسية فهذه هي. والجدير بالذكر أن هذا هو اضطراب الشخصية الوحيد الذي لا يمكن تشخيصه حتى يصبح الشخص بالغًا (18 عامًا على الأقل). إن خصائص الشخصية المعادية للمجتمع قد تظهر في كل الأحوال قبل ذلك العمرو تدعى اضطراب السلوك [11].

قد يفترض المرء أن الإرهابيين بحكم التعريف لديهم شخصية معادية للمجتمع. في الواقع لقد قيل إن هناك بعض التداخل بين هاتين الحالتين [100] لكن العديد من الجماعات الإرهابية ملتزمة بقضية في نظرها أكبر منهم [101]. على أية حال فإن اضطراب الشخصية.لدى المهاجرين واللاجئين النازحين أكثر ترجيحًا للأشخاص بدلاً من أيديولوجياتهم. لذلك لم يتم تحديد اضطراب الشخصية المعادية للمجتمع على وجه الخصوص باعتباره خاص بالمهاجر كفرد. ولكن من المؤكد أنه من المحتمل أن بعض الأفراد الذين ينتمون إلى الجماعات الإجرامية أو الإرهابية الشائنة يسعون إلى ارتكاب جرائم شائنة وتلطخ المنظمات التابع لها.

اضطراب الشخصية الحدية عادة ما ينطوي على مشاكل جوهرية في العلاقات الشخصية فالأشخاص الذين يعانون من هذا الاضطراب غالبًا ما يكونون شديدي القلقو التجاوب مما قد يمكن للوهلة الأولى أن يبدو انهم محبون للمرح وجذابون ومثيرون لكنلهم علاقات غير مستقرة

بالإضافة إلى أنه يمكن أن تتغير المواقف بسرعة من شخص إلى آخر فالأمور الصغيرة رائعة تمامًا ثم تصبح فظيعة. الناس الذين يعيشون على الحدود بشخصية مضطربة تحولهم بسهولة الى منزعجون وغاضبون. يمكن أن يؤدي الاندفاع وعدم الاستقرار العاطفي أيضًا إلى سلوكيات متهورة مثل إنفاق الكثير من المال على الأشياء غير الضرورية وغير الآمنة والقيادة المتهورة والشراهة في الأكل والتهديدات الانتحارية وسلوكيات إيذاء النفس [11]

البحث عن اضطراب الشخصية الحدية بين مختلف المجموعات العرقية والمهاجرة المختلطة.حيث وجدت احدى الدراسات أعلى نسبة من هذه المشكلة في اللاتينيين مقارنةً بالقوقازيون والسود الذين كانوا يسعون للحصول على خدمات الصحة النفسية [102] ولكن بشكل عام لم تظهر الأبحاث أن المهاجرين معرضون بشكل خاص لخطر الإصابة باضطراب الشخصية الحدية مقارنة بنظرائهم من مواليد البلاد [103]. يُشخّصون بهذه الحالة أكثر من السكان الأصليين [104] وقد جادل باحث آخر في أن لكل شخص طبيعي في البلد المهاجر صفات حدودية - يتم تحديد الأعراف الاجتماعية بشكل أكثر وضوحًا والالتزام بها. لكن من المرجح أن تظهر السمات الحدودية في ثقافة جديدة بقواعد مختلفة [105]

من خلال ممارستنا واجهنا أشخاصًا يبدو للوهلة الأولى أنهم يمتلكون سمات خطية ولكن مع تقييم أدق يتضح أن الاضطرابات العاطفية والاجتماعية والغضب والتهور ترتبط ارتباطًا وثيقًا بصدمات الماضي. وبالتالي فإن ما يبدو أنه اضطراب في الشخصية الحدية هو في الواقع اضطراب ما بعد الصدمة. PTSD

اضطراب الشخصية الهستيرية وينطوي على الإفراط في العاطفة والسعي وراء لفت الانتباه كنمط طويل الأمد.حيث يشعر الأشخاص المصابون بهذا الاضطراب إلى أن يكونوا مركز الاهتمام ويشعرون بالضيق

الشديد إذا احسوا بالتجاهل.و يمكن أن تكون جذب الانتباه لديهم مغري ومثير جنسياُ.و يصبح مظهرهم مهمًا للغاية و لهم طريقة مسرحية و مشاعر متضخمة في التحدث الدرامي بشكل مفرط[11]

لا يبدو أن هناك بحثًا يتناول الروابط بين اضطراب الشخصية النرجسية والمهاجرين. ولكن يجدر تكرار ما هو مقبول ومتوقع من ان يميل التعبير العاطفي إلى التوافق في الثقافة.

يتضمن اضطراب الشخصية النرجسية نمطًا يميل فيه الناس بشدة إلى الإعجاب بأنفسهم وتوقع طموح من الآخرين. ان تسمية هذا الاضطراب على اسم شخصية من الأساطير الإغريقية وقعت في الحب وظل يحدق بصورتها المنعكسة على سطح الماء لبقية حياته.

إن من مثل هذه الشخصية النرجسية اناس معتدون بانفسهم ليعترف الناس بأهميتهم الذاتية فهم في كثير من الأحيان يحتاجون إلى الإعجاب الكامل من الآخرين ويضخّمون نجاحاتهم ومواهبهم. فقد أخذ بعض الأشخاص سلوكياتهم السلبية إلى حد معين. إنهم يعتقدون أن كونهم مميزين يضعهم فوق الآخرين ويسمح لهم بتجاهل القواعد الاجتماعية وأن يكونوا عدوانيين بل ويصبحون ساديين.[11] لا يوجد على حد علمنا دليل واضح على اضطراب الشخصية النرجسية المنتشر بشكل خاص بين السكان المهاجرين. ومع ذلك فقد جادل بعض علماء النفس بأن النرجسية في سكان البلدان المضيفة التي يتم التعبيرعنها على أنها قومية ووطنية يمكن أن تؤدي إلى التمييز ضد المهاجرين.[106]

ضطراب الشخصية و الوسواس القهري ان اضطراب الشخصية الوسواسية القهرية يشمل الأشخاص المهووسين بالتنظيم إلى درجة الكمال. تركيزهم الحصري صارم للغاية وموجه نحو التفاصيل وغالبًا ما يكون شديدًا لدرجة أنه يحجب نيتهم الأصلية. يمكن لمحاولات تحقيق الكمال أن تقف في طريق إنهاء مهمة ما. هذا التركيز يجعل الناس أكثر

وضوحًا بالنسبة للناس الذين يعانون من اضطراب الشخصية القهري [96, 102]

ليس من المستغرب أن ربطت الدراسات خطرًا أكبر للإصابة باضطرابات الشخصية النامية, لا سيما تلك التي تنطوي على الشك والانسحاب الاجتماعي للمهاجرين الذين تعرضوا للعنف المتكرر[107].

اضطرابات الاكل

عندما يتعلق الأمر بسلوكيات الأكل فإن الدليل التشخيصي والإحصائي للاضطرابات النفسية الطبعة الخامسة يركز على اضطرابين: فقدان الشهية العصبي والشره المرضي. يتميز الأشخاص المصابون بفقدان الشهية بوزن منخفض جدًا في الجسم ومنخفض جدًا بحيث يمكن أن يعرض صحتهم وحياتهم للخطر. لديهم خوف شديد من زيادة الوزن وتجويع أنفسهم أو اتباع أنظمة غذائية قاسية للحفاظ على رشاقتهم. قد يتعاطون أيضًا الملينات والمواد الغذائية الأخرى.

يشترك الشره المرضي في بعض الأشياء مع فقدان الشهية. وهو أيضًا اضطراب أكل خطير ومهدد للحياة. هناك اختلاف واحد بين الناس الذين يعانون من نقص الأكل في الطعام خلال فترة قصيرة (ساعتان بدون ساعات) حيث ينخرط الاثنان في جهود غير صحية للتخلص منهفي كثير من الأحيان عن طريق جعل أنفسهم يتقيأون. قد يستخدمون أيضًا أدوية مسهلة أو أدوية أو صيامًا أو ممارسة الكثير من التمارين.

كلاهما يزعجكما ويتحملان مع زيادة الوزن وهما غير صحيين يمثلان مشاكل نفسية فالجسم الرقيق مرتبط بمظهر أفضل وبالتالي يزيد من احتمالية أن يتم تقديره وقبوله من قبل الآخرين.

ما هي المعايير المستخدمة لتحديد الوزن «الصحي» للشخص؟ «

المقياس الشائع هو مؤشر كتلة الجسم (BMI) الذي يأخذ في الاعتبار طول الشخص ووزنه. الصيغة الأساسية هي مؤشر كتلة الجسم

و هو بين 19و 54. ويعتبر صاحب مؤشر BMI الأقل من 18.5 «تحت الوزن الطبيعي»وبين 18.5 إلى 24.9 يعتبر وزنًا «طبيعيًا»و من 25 إلى 29.9 يعتبر وزنًا زائدًا وأكثر من 30 يُعتبر «بدينًا».

يعد تطبيق مؤشر كتلة الجسم BMI مفيدًا بشكل عام على البالغين من سن 18 إلى 65 عامًا. لكن له أيضًا قيودًا كبيرة. على سبيل المثال لا يكون مؤشر كتلة الجسم مفيدًا عند تطبيقه على الرياضيين مثل كمال الأجسام وعدائي المسافات الطويلة لأنه لا يأخذ في الاعتبار الفرق بين الوزن من العضلات والدهون. لذلك فإن الرياضي ذو مؤشر كتلة الجسم المرتفع قد يكون يتمتع بصحة جيدة. بالإضافة إلى ذلك فإنه لا ينطبق على النساء الحوامل والأطفال الذين ما زالوا في طور النمو والأشخاص الأكبر سناً.

يميل المهاجرون إلى انخفاض معدلات الإصابة بالشره المرضي وفقدان الشهية مقارنة بنظرائهم المولودين في البلاد. تم العثور على هذا في كل من عائلات المهاجرين من الجيل الأول والثاني عندما لم يكن كلا الوالدين مولودين في البلد [108]

لكن موضوع وزن الجسم لدى السكان المهاجرين يتطلب اعتبارات تتجاوز بكثير تشخيص الشره وفقدان الشهية. كيف يفهم الأفراد والمجتمعات وزن الشخص يختلف من ثقافة إلى ثقافة فبعض الثقافات الأفريقية والعربية على سبيل المثال رأت تقليديًا أن الوزنَ الزائد دليل الثروة والقوة والجمال والخصوبة. [109، 110] حيث يمكنه الحصول على الكثير من الطعام (وبالتالي فهو ناجح). وجدت إحدى الدراسات التي تبحث في اللاجئين من تلك المجموعة من الجزء الغربي من الصحراء الأفريقية تفضيلًا لحجم الجسم الأكبر لدى الرجال والنساء. لم يكن هذا

الاتجاه قوياً ولكن لا يزال ملحوظًا بين الأشخاص الأصغر سنًا (18-25 عامًا).[111]قد تعكس هذه النتيجة بداية تحول في المواقف.

يميل وزن الجسم إلى تضمين مزيج من الأعراف والمواقف الاجتماعية المعقدة.و تميل الأفكار حول ما يعرّف الجمال إلى إزعاج الأشخاص الذين لا يعتقدون أنهم يستوفون هذه المعايير أو يتلقون إهانات بشأن وزنهم من الآخرين. ولكن من المهم أيضًا أن نقول إن الأفراد يختلفون في كيفية عمل وظائفهم. في نفس الوقتتم ربط السمنة بعدد من الأمراض المزمنة بما في ذلك مرض السكري من النوع 2 وارتفاع ضغط الدم وارتفاع الكوليسترول ومرض القلب والسكتة الدماغية ومرض المرارة وأنواع معينة من التهاب المفاصل.

الإدمان و الاسراف في تعاطي المواد الممنوعة

ان الإدمان من المشاغل الرئيسية في جميع أنحاء العالم.ويشير تقرير صادر عن مكتب الأمم المتحدة المعني بالمخدرات والجريمة (UNODC)[112] في يونيو 2020 إلى أن ما يقرب من 269 مليون شخص في العالم يتعاطون المخدرات في عام 2018. وكانت هذه زيادة بنسبة 30٪ في عام 2009 بالإضافة إلى أن أكثر من 35 مليون شخص عانوا من اضطرابات تعاطي المخدرات في لاحظ مكتب الأمم المتحدة المعني بالمخدرات والجريمة كذلك أنه في الوقت الذي تسبب فيه جائحة COVID-19 في قيود حدودية أدت إلى إبطاء تدفق المخدرات غير المشروعة أدى النقص الناتج (خاصة في الأفيون) أيضًا إلى ارتفاع الأسعار وانخفاض نقاء الدواء. ردا على ذلك قام بعض المستخدمين بالتبديل إلى حتى أنماط خطرة بما في ذلك الحقن كبديل للتجربة الصغيرة.

يتسبب تعاطي المواد المخدرةو التعلق عليها في تكاليف شخصية ومجتمعية كبيرة. تقدر المراكز الأمريكية لمكافحة الأمراض والوقاية منها

(CDC) على سبيل المثال أن أكثر من 81000 حالة وفاة بسبب الجرعات الزائدة من المخدرات حدثت في الولايات المتحدة. خلال 12 شهرًا ليوم واحد في مايو 2020[113] و هذه المشكلة لا تتحسن

يشير المركز الوطني الأمريكي للأدوية US National Center for Drug إلى أن الوفيات الناجمة عن الجرعات الزائدة تزيد بنسبة 4٪ كل عام.[114]

ان التبعات المالية ذات أهمية كبيرة: قدرت التكاليف الطبية والقانونية المباشرة بالإضافة إلى خسارة الإنتاجية في مكان العمل بنحو 740 مليار دولار سنويًا في الولايات المتحدة (NIDA). من المواد غير المشروعة على الأطفال الذين لم يولدوا بعد. وقد لوحظت أنماط مماثلة في أجزاء أخرى كثيرة من العالم.

المهاجرون و الاسراف في تعاطي المواد الممنوعة يجلب المهاجرون أحيانًا أنماطًا وسلوكيات تعاطي مخدرات من بلدهم (على سبيل المثال) بين الرجال والنساء الذين يتناولون المشروبات الكحولية بدرجة عالية[115]

تحدثنا في هذا الكتاب, عن الطرق التي يمكن للمهاجرين أن يتعلموا بها. وبالنظر إلى تعاطي المخدرات, يبدو عدم التشابه في حالات اللاتينيين والآسيوين والمجموعات العرقية الأخربو زيادة في مادة الاستخدام والإدمان[116,117,118] ولدى المهاجرين منهم نسبة أعلى من تعاطي المخدراتفي قسم سابق من هذا الكتاب, تحدثنا عن الطرق التي يمكن للمهاجرين أن يثقفوا بها. وبالنظر إلى تعاطي المخدرات, يبدو أنه في حالة اللاتينيين والآسيوين وغيرهم من المجموعات العرقية, يصبح يضعف تواصلهم وتثاقفهم وتعاطفهم مع زيادة المواد المخدرة والإدمان.

مقارنة بنظرائهم من الجيل الأول. [119] [27] يبدو أن هذا جزء من

«مفارقة المهاجرين» الموصوفة سابقًا. الوافدون الجدد يتمتعون بصحة أفضل لأنه, كما ذكرنا سابقًا, من المرجح أن يكونوا محميين وفقًا للمعايير الثقافية التي نشأوا عليها في بلدهم الأصلي.سلوكيات المجتمع الأوسع الذي يجدون أنفسهم فيه بسبب تناقض عادات ثقافية تقليدية مع مرور الوقت.

التبعات المالية مخاوف كبيرة التكاليف الطبية والقانونية المباشرة بالإضافة إلى فقدان مكان العمل

كما أشرنا في هذا الكتاب, غالبًا ما يعاني المهاجرون, ولا سيما اللاجئون, من ضغوط عاطفية وصدمات جسدية كبيرة. للوصول إلى تاريخ دقيق لتعاطي المخدرات,[120] يجب على العاملين في مجال الرعاية الصحية ومقدمي الخدمات المجتمعية وغيرهم ممن يعملون مع المهاجرين معرفة ما هي الأدوية.

يعتبر القات أو المنشط شائعًا في شرق إفريقيا. يأتي من نبات مزهر ويمكن أن يسبب النشوة. وفقًا لمنظمة الصحة العالمية (WHO), يمكن أن ينتج منه عقار يستعمل مهدىء[121]. ومع ذلك, فهو قانوني في بعض الدول الأفريقية (مثل جيبوتي وكينيا وأوغندا وإثيوبيا والصومال واليمن).[122] وقد تم استخدام بعض العقاقير في التقاليد الدينية في سوريا.[123] على سبيل المثال, يُعتقد أن الفطر الذي يمكن أن يسبب الهلوسة, يُدعى (فلاي اجاريك -(fly agaric (Amanita muscaria)) ،و قد استخدم في طقوس آسيا الوسطى لأكثر من 4000 عام.[124]

إساءة استخدام وصفات الأدوية: تتطلب إساءة استخدام الأدوية الموصوفة التخصصبما في ذلك الإدمان - الأدوية - الأدوية المضادة للقلق (البنزوديازيبينات)و المهدئات و المنشطات وخاصة المواد الأفيونية. الاستخدام المفرط للمواد الأفيونية (مثل سوتشوكسيكودونومورفين وكودين وهيدروكودون وأوكسيكودون وفنتانيل) يسبب الإدمان بشكل

كبير ويحتمل أن يكون مميتًا ومنتشرًا بما يكفي لإحداث وباء أفيوني عالمي. وفقًا للمعهد الأمريكي الوطني لتعاطي المخدرات (NIDA)[125] في عام 2010 إلى 49860 في عام 2019. يموت أكثر من 115 شخصًا كل يوم بسبب جرعة زائدة. بالإضافة إلى ذلك تقدر منظمة الصحة العالمية أن ما يقرب من 0.5 مليون حالة وفاة في جميع أنحاء العالم ناتجة عن تعاطي المخدرات. أكثر من 70٪ من هذه الوفيات مرتبطة باستعمال الأفيون[126]

تستخدم المواد الأفيونية كمعالجة للألم كما ذُكر سابقاً. وغير محتمل أن يستعملها الجيل الأول من المهاجرين كمادة ترفيهية. لكن المهاجرين الذين فروا من الحرب والعنف في وطنهم وخضعوا لرحلات خطرة هم أكثر عرضة للإصابات العضوية التي تؤدي إلى آلام مزمنة.[127][128] وهذا يؤدي الى وصف واستعمال الأفيون كعقار مسكن ويسبب الادمان.

ومن المرجح أيضًا أن يعمل المهاجرون البالغون في وظائف بدنية وخطرة[129] حيث يزداد التعرض لألم مزمن[130] الذلك على الطبيب الحرص وعدم وصف الافيون المسبب للادمان في مثل هذه الظروف الصعبة

مثال من دلورس
Dolores Rodríguez-Reimann:

ان اعطاء وصفة طبية للمرضى الذين يعانون من أمراض مزمنة في العيادة الخاصة هنا - شائع جدًا –: تقرير مريض خضع لعملية جراحية. بمجرد العودة إلى المنزل والعمل على التعافي, يصف الطبيب المعالج مسكنًا للألم، وبينما يساعد الدواء، يجد المريض أن الألم لم يتوقف و يطلب أن يعيد الوصفة. لأنه «لا يستطيع العمل بدون تلك الحبوب».. و لكي تكون المعالجة مفيدة يجب التوقف قبل أن يدرك المريض خطر الإدمان

آليات الإدمان: ان تعاطي المخدرات و الادمان و التعلق بها موضوع معقد. بالتأكيدو ليس كل الأشخاص الذين تعاطوا المخدرات الترويحية مدمنين. حتى الأدوية التي يحتمل أن تسبب الإدمان يمكن أن تساعد في علاج المشاكل الجسيمة مثل القلق والألم عند استخدامها بعناية تحت إشراف الطبيب.

ولكن يمكن أن تكون العواقب وخيمة عند إساءة استخدامها.و فيما يلي بعض المعلومات الأساسية: «التعلق» يمكن أن يكون نفسانيًا أوعضويا أو كليهما في كثير من الحالات. يصبح الأشخاص مدمنين بيولوجيًا على الأدوية التي تسبب لهم الإدمان بشكل منتظم جدًا ولا يمكن أن تبدو فعالة بدونهابمرور الوقتقد يصبح الدواء أقل فاعلية ويتناول الناس جرعة أعلى وأكبر من هذه الأدوية المخدرة للتجربة المرغوبة الأخرى. يستخدم مصطلح «التسامح» عندما يبدو أن الجسم يحتاج إلى جرعات أعلى لإحداث نفس التأثير. يمكن أن يصبح الجسم أيضًا معتمداً عضويا على الدواء. إن إيقافه يؤدي إلى إثارة الشعور العدواني مع أعراض الانسحاب فعلى سبيل المثال يمكن أن تشمل الأعراض الغثيان والارتعاش والتعرق وتشنجات العضلات والإثارة وآلام الجسم ومشاكل أخرى في حالة الهيروين. كم من الوقت تستمر هذه الأعراض يعتمد على الفرد. على الرغم من ذلك يبدأ عادة في غضون 6-12 ساعة بعده ويبلغ ذروته خلال 1-3 أيام ثم يبدأ في التراجع خلال الأسبوع التالي. ولكن في بعض الحالات يمكن أن تستمر الأعراض المتبقية لأسابيع أو شهور أو حتى سنوات.

بالإضافة إلى الشعور بتزايد الألم والمواد الأفيونية مع ألم الانسحاب والغثيان والقيء والإسهال وزيادة معدل ضربات القلب ومشاكل أخرى.

يُدمن الناس على المخدرات عندما يستمرون في التوق إليها بالإضافة إلى التحمل البدنيو التعلق حتى بعد أعراض الانسحاب يسبب. الكثير

من الأزمات النفسية –و شعور انه «لا يمكن العيش بدونه» الأشخاص الذين يستمرون في تناول الدواء حتى إذا كان الاختيار له نتائج سيئة فيزيائيةو اجتماعية. يمكن أن تشمل العواقب الاجتماعية من فقدان العمل والوظيفة والأحباءوالتشرد والتهم الجنائية والسجن.

يجب أن يكون المهاجرون الذين يستخدمون المواد بما في ذلك الأدوية الموصوفة على دراية بالقوانين المختلفة المتعلقة بهذه المواد. في الولايات المتحدةو يمكن أن تختلف قوانين المخدرات من ولاية إلى أخرى.

خلط واستخدام الأدوية غير الموصوفة: في ممارستنا السريرية يخبرنا المرضى عن تجربة دواء ذي صلة لأنه «مفيد حقًا لهم». وفقًا لطب الأطفال المعاصر يتم الحصول على 71٪ من مسكنات الألم التي تُصرف بوصفة طبية من خلال صديق أو قريب عن طريق طلبها أو سرقتها أو شرائها.[131] يخلط الناس أيضًا الأدوية مع العقاقير الترويحية والكحول. هذه دائما فكرة سيئة يتم وصف الأدوية للأفراد بناءً على احتياجاتهم الخاصة وظروفهم الطبية. حتى لو كانت أعراضك الخارجية متشابهة فما الذي نجح في ذلك قد يكون خطيرًا. بالإضافة إلى ذلك فإن خلط الأدوية التي لم يتم وصفها لك أو مزجها بالكحول و/أو العقاقير الترويحية قد يلغي على الأقل أي آثار إيجابية من الأدوية وفي أسوأ الأحوال يسبب آثارًا جانبية خطيرة. يمتلك الأطباء والصيدليات المعرفة السريرية وأنظمة الكمبيوتر للمساعدة في تحديد مزيج الأدوية الذي يسبب مشاكل.و البقية منا ليس لديهم مثل هذه الحماية الآمنة.

واحدة من أكثر الممارسات خطورة التي سمعنا عنها في الولايات المتحدة هي «حفلات السكيتلز-"Skittles Parties." «. مشتق من اسم قطع حلوى صغيرة بألوان مختلفة.والناس في الحفلة (غالبًا ما يكونون من المراهقين) يضعون عدة حبات مختلفة في حالة من الرهبة. في بعض الأحيان تتدخل المواد الكيميائية في الجراثيم وترافق ممارسات التخدير

مع العديد من المخاطر بما في ذلك الجرعات غير المعروفة والمواد المسببة للحساسية والتفاعلات مع الحالات الطبية الأخربوالتفاعلات السيئة بين المواد المختلفة. الجرعات الزائدة والوفيات في ظل هذه الظروف هي احتمالات حقيقية. على الرغم من أنه معروف في الولايات المتحدةإلا أنهذا نوع من الممارسات قد لا يكون المهاجرون من البلدان الأخرى على علم به. ولكن نظرًا للمخاطر التي ينطوي عليها الأمريجب أن يعرف الآباء أن أطفالهم قد يتعرضون لمثل هذه الاتجاهات عندما يصبحون أكثر اندماجًا في البيئات الجديدة.

٤

القضايا الصحية الحرجة

تتطلب المشاكل العامة المرتبطة بالاضطرابات النفسية إشارة خاصة الى:

الانتحار: غالبًا ما يصف الأشخاص الذين يعملون في مجال الصحة النفسية الانتحار بأنه «حل دائم لمشكلة مؤقتة.» على الرغم من أن العبارة قد تم الإفراط في استخدامها إلا أنها دقيقة أيضًا.

وفقًا لمنظمة الصحة العالميةيوجد أكثر من 700000 شخص من ضحايا الانتحار سنويًا وهذا يمثل 1.3٪ من جميع الوفيات في جميع أنحاء العالمو هذا هو السبب السابع عشر للوفاة[132] في عام 2019.

يشمل الأشخاص المعرضون للخطر بشكل خاص الأشخاص المصابين بالاكتئاب الشديدوالمندفعين بشكل خاص والذين عانوا من مجموعة متنوعة من الهموم والصدمات التي يشعرون أنها تفوق قدرتهم على التعامل معها وأولئك الذين يعانون من مشاكل تعاطي المخدرات والتعلق بها.و النساء بشكل عام أكثر عرضة لمحاولة الانتحار من الرجال ولكن الرجال أفضل في استخدام وسائل مميتة تؤدي إلى الوفاة الفعلية.

يحاول الناس الانتحار لأسباب مختلفة.و يرون أن الموت هو السبيل الوحيد للخلاص. قد يقوم البعض «بالشروع به» كمحاولات قاتلة. وربما يحتمل أن يقوم الناس بمثل هذه المحاولة لجذب الانتباه والمساعدة في

مشاكلهم. يؤذي البعض أنفسهم بقطع وريد أذرعهم أو أرجلهم أو أجزاء أخرى من الجسم بسبب ألم نفسي أو الاضطراب العاطفي لكن يمكنهم أن يبالغوا بهذه الممارسة (مثل قطع الوريد) مما يؤدي إلى الوفاة.

يُنظر إلى الانتحار في أزمات الصحة العامة في الولايات المتحدة الأمريكية كما في بلدان أخرى. هذه المخاطر الخاصة تشمل أفراد الخدمة العسكرية (وكذلك متقاعديهم)و مجتمع LGBTQ +وأولئك الذين يعانون من الألم المزمن. الانتحار في وطلاب الجامعات.هو ثاني أكبر سبب للوفاة. [133] - من المحتمل أن يقتل الطلاب أنفسهم بنسبة ثلاث مرات أكثر من الطالبات[134]

تم رصد وفيات الانتحار بين مجموعات المهاجرين بشكل خاص في أوروبا بالنظر إلى أن هناك أعدادًا متزايدة في تلك المجموعة السكانية.[135] ووجد الباحثون على سبيل المثال أنه من بين حالات الانتحار المكتملة في النرويج (1992 إلى 2012) كانت نسبة 10٪ من حالات الانتحار خلفية للهجرة. لكن الأشخاص المولودين في الخارج الذين لديهم على الأقل أحد الوالدين المولود في النرويج كانت معدلات الانتحار أعلى بكثير من معدلات الانتحار لدى السكان الأصليين بين الذكور والإناث على حدٍ سواء.

فيما يلي بعض المعلومات الأخرى من أوروبا: في ألمانيا يكون خطر الانتحار لدى معظم مجموعات المهاجرين أقل من نظرائهم المولودين في ألمانيا. غطت قاعدة البيانات الوطنية الألمانية 18 عامًا من إحصاءات الوفيات. ويظهر أن معدلات تسعة من أكبر السكان المهاجرين كانت أقل مقارنة مع الألمان المولودين من السكان الأصليين.[136]

في المملكة المتحدة أظهرت بيانات من دراسات مختلفة زيادة في عدم الاهتمام خاصة بين المهاجرين الآسيويين. العوامل الثقافية وخاصة تلك المتعلقة بالتكامل الاجتماعي والدين تلعب دورًا مهمًا في تحديد معدلات الانتحار المختلفة. يمكن أن يكون ضغط التثاقف أحد العوامل في هذه

النتيجة. لسوء الحظ فإن الوصول إلى العلاج لهذه الفئة من السكان منخفض أيضًا بسبب الخدمات الصحية للمرضى في المناطق المحيطة والحاجة إلى زيادة الكفاءة الثقافية بين مقدمي الخدمة. [137]

غالبًا ما يكون من الصعب تتبع معدلات الانتحار بين المهاجرين ومجموعاتهم المتميزة ثقافيًا ولغويًا.على سبيل المثال يُصنف العربي الأمريكي في الولايات المتحدة أحيانًا على أنه «ابيض» بدلاً من تصنيفه كعرقية مختلفة وأظهرت

بعض الدراسات أن الأشخاص من مختلف المجموعات الديموغرافية معرضون للخطر بشكل خاص. وتشمل هذه النساء المسنات اللائي لا يعانين من الاكتئاب واللاتي ولدن بالخارج في الدول الاسكندنافية. [138] ولا عجب أن كلاً من الرجال والنساء هم أكثر عرضة للوفاة بالانتحار إذا لم يتم علاجهم من الاكتئاب.و في الدراسات التيظهرت على الرجال الذين تزوجوا وعاشوا بلا هدف من المحتمل أن يرتكبوا جريمة انتحارية. ولكن هذا لم يكن كذلك بالنسبة للنساء. [139]

هناك زيادة في مخاطر السلوك الانتحاري في الولايات المتحدة - يبدو أنها من ضغوط الهجرة. بالإضافة إلى ذلك وجدت دراسة واحدة تبحث في مجموعات لاتينية في الولايات المتحدة (بوسطن) وكذلك إسبانيا (مدريد وبرشلونة) أن التالي: 1) أولئك الذين عانوا من تمييز أكثر 2) لديهم وضوح أقل بشأن هويتهم العرقية 3) كان لديهم صراع أكبر مع أفراد العائلة و 4) كانوا أكثر عرضة للانتحار.

بالإضافة إلى ذلك فإن الأشخاص الذين كانوا أكثر اكتئابًا أو يعانون من اضطراب ما بعد الصدمة كانوا أيضًا أكثر عرضة للتفكير في الانتحار. يميل الخطر أيضًا إلى الارتفاع كلما طالت مدة عيش المهاجر في البلد المتبنى لكن إذا حصل المهاجر على الجنسية في بلد جديد تتراجع مخاطر الانتحار [140] وربما يسمح نيل المواطنة للمهاجرين بالشعور بالاستقرار

والقبول والأمان.

ماذا تفعل إذا كان لدى شخص ما تعرفه أفكار حول الانتحار أو لديك مثل هذه الأفكار بنفسك؟ فيما يلي بعض الخطوات المهمة التي يمكن اتخاذها من أجل معرفة كيفية مواجهة أزمة انتحار.

يجب أن تركز جميع الخطوات التي تتخذها على الحفاظ على سلامتك وحماية أي شخص آخر. ليس كل الأشخاص الذين لديهم أفكار عن الموت أو يقولون أشياء مثل «العالم أفضل بدوني» سيحاولون الانتحار بالضرورة. ولكن إذا بدأ الأشخاص الذين لديهم مثل هذه الأفكار في تنمية خطط وأساليب لقتل أنفسهم فإن خطر قيامهم بتنفيذ مثل هذه الخطط يزداد بشكل كبير.

في حين أنه قد يكون أمرًا محرجًا ومثيرًا للإحراج للمساعدة فإنه مفيد. إذا كنت تفكر في الانتحارفلا تمكث وحدك. اتصل بصديق أو فرد من العائلة جدير بالثقة. اطلب المساعدة من المحترفين. الخيار الأساسي في الولايات المتحدة هو الاتصال بالخط الساخن المحلي للانتحار رقم الطوارئ 988 أو الذهاب مباشرة إلى غرفة الطوارئ في المستشفى. (إذا اتصلت برقم الطوارئ العام 911 فأخبر العملية أنك تبلغ عن أزمة في الصحة النفسية واطلب من عامل طوارئ نفسي مدرب مرافقة الشرطة إلى مكان وجودك).

البلدان الأخرى الخطوط الجوية الأفقية يتم توفير بعض الأمثلة في نهاية هذا القسم.

في بعض الأحيان يبدأ الأشخاص الذين يقررون الانتحارعلى الأقل ظاهريًا في الظهور بمظهر «أفضل». لكن هذه النظرة خادعة لأن الناس الذين صنعوا خطة سهلة قد صدقوا معتقدين أنهم تصرفوا بمنتهى الوضوح. لسوء الحظ هذا المسار يؤدي إلى الموت. لذلك من المهم أن تظل

يقظًا مع أحبائك الذين أعربوا عن تفكيرهم بالانتحار سواء تحسنوا أم لا.

يتخلى المعالجون الرسميون عن «تعاقدات» مع أشخاص مختارين حاولوا ان يؤذوا أنفسهم, وقد اعتُبر هذا بمثابة اتفاق رسمي بين المعالج والمريض وكانت النتيجة لدى الكثير منهم الرجوع عن كلمتهم بعدم الانتحار. أثبتت مثل هذه العقود منطقياُ انها غير فعالة لسوء الحظ.

فيما يلي بعض الأمثلة على الخطوط الساخنة للانتحار. يرجى العلم أن هذه القائمة ليست شاملة ويمكن أن تتغير بمرور الوقت. يتم نشر معظم الخطوط الساخنة على الإنترنت, ويمكن للعديد من هذه الخطوط الساخنة التواصل مع الأشخاص الذين يتحدثون لغات أجنبية

الخط الوطني للوقاية من الانتحار: **8255-273-800**

الخط الوطني لأزمات للصحة النفسية : **988**

رقم الطوارئ المحلي : **911**

رقم الطوارئ في المملكة المتحدة : **08006895652**

رقم الطوارئ في ألمانيا : **9145900**

الغضب

لقد قيل ان الغضب والسعادة من المشاعر الإنسانية الشائعة. غالبًا ما يُنظر للغضب على أنه وحشي وخطير. ولكنه وسيلة بقاء على قيد الحياة على سبيل المثال تم وصفها بأنها طريقة للتغلب على الخوف عندما يكون الناس في خطر التعرض للاعتداء.[141] في ذلك الوقت يؤدي المتكرر إلى ارتكاب أفعال خطيرة لها عواقب وخيمة مثل الإصابة وحتى الموت ليس فقط على الشخص نفسه ولكن للآخرين أيضًا.

ان شعور الغضب جزء من طبيعة البشر الأساسية ولهعدة. أشكال: سلبي أو مكبوتو كثير من الناس يعانون من الغضب الذاتي. إنهم يرون الغضب على أنه خارج عن السيطرة ويشعرون بأنهم لن يثقوا في نبضاتهموبالتالي يحاولون تجنب الصراع والمواجهة حتى عندما يكونون محبطين. يسمى هذا أحيانًا «بالعدوان السلبي». في محاولة لتجنب أو قمع هياجهم يصبح الناس هادئين عابسين يماطلون (وضع الأشياء من غير الضروري) ويفسرون أن «كل شيء جيد». بالإضافة إلى ذلك يميل البعض إلى مهاجمة الآخرين بطرق غير مباشرة.و إليك سلوكًا سلبيًا عدوانيًا كاختبار: عندما يطلب من الأشخاص أداء بعض الأعمال (في المنزل أو في وظيفة) فقد يوافقون على القيام بذلك مرغمين.و نحن كبشر نشعر بالغضب. إنه جزء من طبيعتنا الأساسية. والسؤال هو كيف نرد عندما نشعر به. حدد العلماء ثلاثة أنواع أساسية من الغضب.[142] و هي

الغضب السلبيأوالمكبوت: كثير من الناس يعانون من الغضب الذاتي.و يرون أنه خارج عن السيطرة ويشعرون بعدم الثقة بأنفسهم وبالتالي يحاولون تجنب الصراع والمواجهة حتى عندما يكونون محبطين.و يسمى هذا أحيانًا «بالعدوان السلبي». كمحاولة لتجنب أو قمع هياجهم، يصبحون هادئينو طيعينو مماطلين (يؤجلون الأمورالمهمة والعاجلة)، ويفسرون «كلشيء سيئ». بالإضافة إلى ذلك، يميلون إلى مهاجمة الآخرين

بطرق غير مباشرة.و فيما يلي مثال سلوك سلبي عدواني: عندما يطلب منهم أداء بعض الأعمال (في المنزل أو في وظيفة)، فقد يوافقون على القيام بذلك.ولكن يشعرون بكره ذلك و ينوون عدم الانجاز في الوقت المطلوب، ويرتكبون أخطاء متعمدة ويشتكون ويحاولون لوم الغير، ولذلك

كما هو موضح أعلاه فإن عواقب محاولة إنكار الغضب أو تجاهله يمكن أن يكون لها نتائج خطيرة لكل من الأشخاص الغاضبينو يؤثر عليهم سلباُ فينسحبون و يفرطون في الاكل وينفقون باسراف ويدمنون ألعاب الكمبيوتر ويتصرفون بما يتعارض مع مصالحهم. لكن الآخرين الذين يعبرون عن غضبهم علانية ينفذون عواقب سلبية.

العدو انية المفتوحة: يصبح العديد من الأشخاص الذين يمارسون الغضب عدوانيين عضويا أو لفظيًا ويؤذون أنفسهم أو الآخرين في كثير من الأحيان وهذا ما يسمى «العدوان المفتوح». ومن الأمثلة على ذلك القتال والتنمر والابتزاز والاتهاموالصراخ والتشاجر والسخرية والنقد. أمثلة أخرى للعدوان السافر والعنف المنزلي والجرائم المختلفة الأخرى. الغضب العدواني والغضب يميلان أيضًا إلى عدم الاستقرار. الناس يتورطون في كل شيءوهكذا يكون المزمن مزمنًا وقد يؤدي إلى نشوء نوبة من الغضب. تظهر الأبحاث أن التعبير عن السلوك السلبي على المدى الطويل يخلق جوا أفضل.[143] حيث ان كبت الألم العاطفي الكامن يجعل الوضع أسوأ وليس أفضل. ويمكن ربطه بالنتائج الفيزيائية.و يمكن أن تساهم حالة الاستثارة المستمرة في حدوث ارتفاع ضغط الدم و مرض قلب وموت مبكر.

الغضب العارم: يميل الغضب الموصوف أعلاه المكبوت أوالمفتوح إلى خلق مشاكل سواء بالنسبة للأشخاص الغاضبين أو من حولهم. ولكن هناك طريقة أكثر إيجابية وبناءة للتعامل معه. كيف يمكن إجراء ذلك؟

يمكن أن يكون التعرف على الغضب وتقبله خطوة أولى نحو

الشفاء. على سبيل المثال يشعر المهاجرون الذين تعرضوا للتمييز في بلدانهم الأصلية أنهم أقل شأنا وخاطئين وعديمي القيمة وجهلاء وما إلى ذلك. يعتقد الناس أن الشعور بالغضب من اضطهادهم غير مبرر. بعد كل شيء كونهم أقل شأنا يجب أن يستحقوا ذلك. عندما يغضب الناس من أولئك الذين يحاولون إخضاعهم فهذه علامة جيدة. وهذا يعني أنهم لن يقبلوا بعد الآن الرسائل السلبية.

يمكن أن يؤدي الغضب إلى إحداث تحفيز يسمح للناس بالتحفيز وبدلاً من التهديد والاعتداء على الآخرين فإن الأشخاص الحازمين يدافعون عن أنفسهم بطريقة محترمة وغير عنيفة. لكنهم قادرون أيضًا على الاستماع إلى الآخرين فهم يسعون لفهم شعور الآخرينوفي النهاية حل المشكلات بطرق بناءة. باختصار يستخدم الأشخاص الحازمون غضبهم الأولي كطاقة نفسية لإفادة أنفسهم وكذلك مجتمعهم والمجتمع الواسع.

الغضب والصدمة: ليس من المستغرب أن الغضب والصدمة مرتبطان. يقول المركز الوطني التابع لوزارة شؤون المحاربين القدامى في الولايات المتحدة لـ PTSD[144] إذا تم التعامل معه أن الغضب يمكن أن يساعد في التعامل مع ضغوط الحياة. يمنحنا الطاقة للتغلب على مشاكل الحياة. من الجذور

يقدر الدكتور اندرية براينت [69] في الكثير من التجارب. أن حوالي 90٪ يأتي من الماضي. وهذا يعني أن نسبة صغيرة جدًا تحدثها الظروف الحالية. إذا كانت تجربة حالية تذكرنا بصدمة سابقة فإن استجابتنا العاطفية أكبر بكثير مما ستكون عليه

يمكن أن يكون الدافع لمثل هذه الاستجابة صغيرًا - مثل صوت أو رائحة تذكرنا ببعض الأشياء السيئة

و يمكن أن تكون تجربة كافية.و لا يزال تعلم كيفية تحديد وفهم

كيف تؤثر هذه المحفزات علينا أ مرًا مهمًا في تعلم كيفية توجيه الغضب إلى إجراءات إيجابية. ينتج عن هذا ضغوط أقل وتغيرات إيجابية يمكن أن تساعد الأفراد المنكوبين والأشخاص المحيطين بهم.

الغضب بين المهاجرين: كما هو موصوف في هذا الكتاب فإن بعض مجموعات المهاجرين الفارين من وطنهم وهاجروا برحلات خطرة يتعرضون للعديد من الصدمات بالإضافة إلى أنهم قد يشعرون بالإحباط لأن بلدهم الجديد لا يتمتع بكل المزايا التي كانوا يتصورونها. والنتيجة غالبًا هي الغضب ورد الفعل السلبي. تختلف الطريقة التي يُظهر بها هذا الغضب نفسه باختلاف الفروق الفردية والعادات الثقافية.[145] لا أستطيع فعل أي شيء بعد الآن. لذلك على العالم الآن أن يعتني بي. هذا ليس من المرجح أن يكون الاحترام أو التعاطف أو المساعدة العملية. ومع ذلك ليس من الضروري في تجربتنا السريرية أن مثل هذا الموقف ليس هو القاعدة. بالأحرى فإن معظم الأشخاص الذين يأتون إلينا مهتمون حقًا بطلب المساعدة لظروفهم.

الألم المزمن

سيشار الى الألم البدني بين المهاجرين في أجزاء أخرى مختلفة من هذا الكتاب. لكن التعليقات الإضافية هي كما يلي:

المجموعات المهاجرة ولا سيما من تلك البلدان التي مزقتها الحرب وأولئك الذين خاضوا رحلات خطرة وأولئك الذين يقومون بعمل يدوي معرضون بشكل خاص للإصابة والألم. بالإضافة إلى ذلك يمكن أن تؤدي تغييرات في نظامهم الغذائي ونمط حياتهم إلى زيادة مخاطر الإصابة بأمراض مزمنة تسبب الألم أيضًا.وفيما يلي نظرة عامة موجزة:

سجلت دراسة من تركيا العديد من الإصابات الشديدة [127] في

الرأس والرقبة والصدر والجروح الأخرى من طلقات الرصاص والقنابل والشظايا. - بين المدنيين الذين يفرون من الحرب الأهلية السورية.[128]

بالإضافة إلى ذلكبمجرد وصول المهاجرين إلى بلدانهم الجديدةفإنهم سيجدون على األرجح عملًا محفوفًا بالمخاطر بالنسبة لأقرانهم من مواليدهمويشمل ذلك التعرض للحرارة ومبيدات الآفات والمواد الكيميائية الضارة المحتملة والمخاطرالبدنيةالتي يمكن أن تسبب حوادث (مثل السقوط).[129,146]

اظهرت الإحصائيات بين المهاجرين في مكان العمل أعلى مما هو عليه بالنسبة لأقرانهم من مواليدهم. كانت النساء في شمال إفريقيا في مكان العمل أكثر عرضة للحروق. غالبًا ما عانى الرجال من أمريكا اللاتينية ومنطقة البحر الكاريبي وأفريقيا وأوروبا الشرقية من إصابات أجسام غريبة. يمكن أن تشمل هذه الإصابات الضرب بشيء ما أو دخول شيء ما في عينك أو ابتلاع الأشياء عن طريق الصدفة[147]

وجدت الدراسات نظرا لمثل هذه المخاطر من الإصابة البدنية أن المهاجرين أكثر عرضة للإصابة من عامة السكان بألم مزمن[130] ومع ذلكفإن هذه الملاحظة ليست جامعة. وجدت إحدى الدراسات الأمريكيةعلى سبيل المثالأن الأطفال في سن المدرسة يعانون من إصابات أقل بكثير مقارنة بنظرائهم المولودين في الوطن. لم يكن الوضع الاجتماعي والاقتصادي عاملاً في هذه النتائج[148]

يؤدي الانتقال من بلد مسقط الرأس إلى بلد جديد إلى احتمال أكبر للإصابة بأمراض مزمنة بين بعض مجموعات المهاجرين.، لدى الجاليات الآسيوية والسود على سبيل المثالو اللاتينية بمعدلات مرض السكري من النوع 2 أعلى منها لدى البيض المولودين في الولايات المتحدة.[149] السكري، خاصة إذا كانت الحالة ليست كذلك يمكن أن يؤدي التحكم الجيد بالأدوية إلى ظهور أعراض تسمى

ألم الاعتلال العصبي. واذا لم تعالج يمكن بالأدوية يمكن أن تؤدي إلى ظهور أعراض ما تسمى بآلام الأعصاب وهذا يسبب الام في الاطراف والاقدام[150]

أظهرت الدراسات أيضًا أن بعض الأشخاص الذين يعانون من حساسية الغلوتين (بروتينات مختلفة موجودة في بعض الحبوب) يعانون من اعتلال الأعصاب الجلوتيني وهو سرطان يسبب ألمًا أو خدرًا يؤثر على اليدين والقدمين. لحسن الحظ يمكن التغلب على هذه المشكلة بعدم تناول الجلوتين[151]

موضوع الألم المزمن مهم لأننا نتحدث عن الصعوبات النفسية. هناك روابط كبيرة بين الإصابات العضوية والألم والصحة النفسية بين المهاجرين. أظهرت على سبيل المثال إحدى الدراسات الكندية التي ركزت على هذه المجموعات أن اضطرابات المزاج والقلق كانت مرتبطة ارتباطًا وثيقًا باحتمالية حدوث إصابات أكبر المرتبطة باحتمالية أكبر للإصابة, لا سيما تلك الناجمة عن السقوط.[152] بالإضافة إلى ذلك, غالبًا ما أدى الجمع بين الألم والصعوبات العاطفية إلى تفاقم كلتا الحالتين, مما يجعل علاجهما أكثر صعوبة.[153]

الأرق INSOMNIA

الأرق هو مشكلة اعتيادية تنطوي على صعوبة النومو الاستمرار فيه حيث يعاني البعض من ليالي لا يستطيعون النوم فيها بسهولة أو بعمق كما يحبون لكن الأرق المستمر يمكن أن يؤدي إلى مشاكل في التفكير والتذكر والانتباه أثناء النهار. يمكن أن تدفع هذه الظروف الناس إلى اتخاذ قرارات سيئة وكذلك النعاس أثناء القيادة ومشكلات أخرى خطيرة. وغالبًا ما يُعرَّف هذا بأنه الأرق المزمن الذي يؤدي الى مشاكل في النوم يستمردون توقف لمدة شهر واحد على الأقل أو حتى ستة أشهر أو

أكثر. [154]

و يمكن أن تتداخل مع مشكلات نوم اخرى بما في ذلك الربو والألم والشخير. على سبيل المثال يمكن للألم في بعض الأحيان أن يجعل من المستحيل حصول وضع مريح للنوم.

أعراض الأرق المعروفه في معظم الأحيان- مشاكل صحية بما في ذلك الاكتئاب والقلق والصدمات. من الصعب أن تحصل على قسط من الراحة إذا كنت غارقة في المشاكل. القلق والأفكار السلبية تجعل الناس مستيقظين في الليل. إذا تعرضوا لصدمة فإن أذهانهم تكون حساسة باستمرار للأخطار المحتملة (مثل الاستيقاظ عند وجود ضوضاء طفيفة في المنزل). قد يكون لديهم أيضًا أفكار تدور بشكل متكرر في عقولهم حتى لو لم يرغبوا في ذلك. العديد من الأشخاص يعرفون ما هو مشابه عندما نلاحظ وجود أغنيات يمكن تذكرها في رؤوس رؤوسهم. التفكير المتكرر بين الأشخاص المنكوبين متشابه باستثناء الأفكار التي هي عادة قصيرة وحتى محبطة. الاضطراب النفسي والألم المزمن والصدمات والذكاء كلها مترابطة وتؤثر على بعضها البعض. يمكن أن يتضخم الاكتئاب والقلق عندما يعاني الشخص من ألم مزمن. لكن هذا يمكن أن يحفز الناس أيضًا على الحصول على المساعدة. إذا تعلموا طرقًا للاسترخاء وعلاجآلامهم البدنيةبالإضافة إلى ضغوطهم العاطفية فإن بعض الأمثلة أدناه لفوائد النوم الجيد وعواقب الأرق:

جودة النوم: الحصول على نوم جيد كل ليلة له فوائد عديدة. إنه يحسن التركيز ومهارات الذاكرة والمزاج وضغط الدم وأنظمة حرق الدهون في الجسم. [155] يكون الأشخاص أقل عرضة للإصابة بأمراض مثل

مرض السكري لنوع 2 ومرض الالزهايمر وهشاشة العظام وأنواع السرطان المؤكدة اذا كان نومهم جيد. وكان الأداء أفضل مع أنماط نوم متناسقة ومتوقعة و مدة النوم كافية وجيدة. لمعرفة المزيد حول

المواصفات التي يمكنك البحث عنها في «الإيقاعات اليومية».

قلة النوم او الأرق: على الرغم من هذه الفوائد الواضحة فإن ما يقرب من 70 مليون شخص في الولايات المتحدة لا يحصلون على ليلة سعيدة على أساس نظامي.[156] يمكن أن يلعب قلة النوم دورًا في الإصابة بالأمراض التي يمكن أن تؤدي إلى الوفاة المبكرة (بما في ذلك أمراض القلب والسكري وارتفاع ضغط الدم والسمنة). كما يمكن أن يكون لها تأثيرات سلبية على وظائف الدماغ. يمكن أن يؤدي ذلك إلى زيادة خطر الإصابة بمرض الزهايمر أو تفاقمه وأنواع أخرى من الخرفوكذلك اضطرابات الاكتئاب واضطراب ما بعد الصدمةوالقلق العام.

ما الذي يحفز أنماط النوم؟ . إحدى المشكلات التي تمنع الناس من النوم الجيد هي أن الولايات المتحدة والدول المتقدمة الأخرى قد دعمت بشكل متزايد الأشخاص الساهرين (أو طوال الليل) من خلال متاجر البقالة التي تعمل على مدار 24 ساعة وغيرها من الشركات التي لا تغلق أبدًا.

أخذت الدراسات الدولية في الاعتبار تأثير العمل في النوبة الليلية على صحة الناس وعواطفهم ورفاههم بشكل عام. لقد وجدوا أن النساء اللائي يعملن في النوبة الليلية يميلون[157] إلى زيادة خطر الإصابة بالسرطان بنسبة 19٪ مقارنة بالنساء اللائي لا يعملن في الليل. 41٪ سرطان الجلد المرتفع 32٪ خطر مرتفع من سرطان الثديو 18٪ خطر أكبر من سرطان الجهاز الهضمي[158] بالإضافة إلى ذلك, وجدت الأبحاث التي تناولت 61 دراسة بما في ذلك ما يقرب من 4 ملايين شخص من أمريكا الشمالية وآسيا وأستراليا أن النساء اللائي يعملن في نوبات ليلية, 41٪ من سرطان الجلد عالي المخاطر, وسرطان الثدي بنسبة 32٪, وسرطان الجهاز الهضمي بنسبة 18٪.[159]

لقد وجد الباحثون مشاكل خاصة بالعمل بالتناوب وفي المناوبات. وجد ان الذين يعملون في نوبة ليلية لأكثر من خمس سنوات كانوا أكثر عرضة للوفاة مبكرًا بنسبة تصل إلى 11٪.في الواقع, كان أولئك الذين يعملون لأكثر من 15 عامًا في نوبات متناوبة أكثر عرضة بنسبة 38 ٪ للوفاة بسبب أمراض القلب مقارنة بمن يعملون فقط خلال النهار. [160]

مثال من دلورس:
Dolores Rodriguez Reimann:

كان موضوع الأرق هو أحد المشكلات العديدة التي عانى معها مرضاي طوال ممارستي السريرية.و كان موضوع التعامل مع النوم هو جزء مهم لمساعدتهم على «استعادة حياتهم». عندما انضممت إلى مجموعة من الأطباء المتخصصين في مساعدة الضحايا الذين تعرضوا للحوادثو تم تسليط الضوء على هذا بشكل خاص حوالي 18 عامًا.

لم تقتصر تقييماتنا الأولية في هذه العملية على تقييم لغتهم الذهنية والأرق أثناء النهار. ولكن أيضًا لتقييم الألم المزمن (غالبًا ما يكون مكونًا مهمًا في هذه الحالات) كان الأرق مهمًا للنظر فيه.و كان الأشخاص الذين لا يستطيعون النوم بشكل جيد بسبب ألم عضوي أو ضيق نفسي عاطفي أو كليهما يعانون من مشاكل في الأداء أثناء النهار. كانت لديهم مشاكل في التركيزو تشويش وسرعة انفعالوحتى أنهم قد يغفوون في الأوقات التي يكون فيها ذلك خطيرا (مثل أثناء قيادة السيارة). على هذا النحوكان يُنظر إلى الأرق على أنه اعتبار مهم في فهم وعلاج اكتئاب المريض

٥

قضايا العلاج

معوقات العلاج/التوقعات الثقافية

معوقات الخدمات: أظهرت العديد من التقارير أن المهاجرين والمجموعات المميزة ثقافياً/لغوياً لا يحصلون على الرعاية الصحية النفسية التي يحتاجون إليها. وجدت بعض الدراسات أن هذا يرجع إلى حد كبير إلى نقص التأمين الصحي أو غيره من الوسائل المالية [104]. ولكن يمكن أن يكون هناك نقص في الرعاية الصحية في الولايات المتحدة الأمريكية، حتى عندما لا تكون الموارد المالية (وبالتالي الحصول على التأمين) مشكلة[161]. في الواقع هناك العديد من المعوقات بما في ذلك المحرمات الاجتماعية, والمخاوف من أن يتم تصنيفهم من وصفهم بأنهم «مجانين». والقيود الاقتصادية والتمييز ومحاولات التقليل من المشكلات أو الجهل بها ونقص المعلومات حول الموارد المتاحة وخبرات المعالجين ومقدمي الرعاية الصحية الضعيفة[162] [163] ويؤثر هذا على الأطفال والبالغين على حد سواء[164]

ليس من المستغرب أن وجد بحثنا الخاص أن يريد المهاجرون من مُعالجهم ان يجاملهم ويعاملهمباحترام ويشرح لهم الأشياء بطريقة يمكنهم فهمها. ومن المشكلات التي تحد من الرعاية سوء المعاملة من قبل كل من الطاقم الطبي وموظفي مكتب الاستقبال.[31] ووجدنا من خلال تجربتنا أن موظفي مكتب الاستقبال غالبًا هم من يحددون زيارة المريض. فإذا كان لدى المرضى تجربة إيجابية معهمعند دخولهم إلى العيادة أو المستشفى أو مكان العلاج فإن فرص حصولهم على العلاج وتقبلهم له تزداد.

زيادة الكفاءة الثقافية: ما الذي يحسن الخدمات من الناحية الثقافية؟ لقد أظهر بحثنا الخاص أن المعالجين مقدمي الخدمة بحاجة إلى فهم

1) أهمية ثقافة المريض و 2) وما يفضل المريض بنفسه أكثر اهمية. بالإضافة إلى ذلك, فإن تلقيه التعليم العملي مهم. ولا يضمن التعرض السطحي لثقافة المرضى فهم كافي لهم. لكن يجب التدريب الرسمي هو أكثر فائدة حيث يتلقى مقدمو الخدمة الدعم والإشراف أثناء عملهم مع مجموعات سكانية   مميزة ثقافيًا ولغويًا و هو أمر مفيد. [165]

في الولايات المتحدة, قام عدد من المنظمات بنشر معايير الرعاية في العمل مع مجموعات ثقافية مختلفة. ولعل أبرزها أن وزارة الصحة والخدمات الإنسانية الأمريكية و مكتب صحة الأقليات, قد طورت معايير وطنية للخدمات الملائمة ثقافيًا ولغويًا (CLAS)[166] توفر هذه المعايير التوجيه الفردي والتنظيمي حول كيفية جعلها أكثر فعالية.و تستخدم العديد من الشركات والحكومات المحلية الآن معايير CLAS لتعزيز خدماتها ومدى تأثيرها.

المستوى الفردي: فيما يلي بعض الاعتبارات للممارسين الفرديين أثناء عملهم مع مرضى مختلفين ثقافياً. بعضها مفيد بغض النظر عن نوع العلاج الذي يتم استخدامه.

الخدمات اللغوية والتفسيرية:

يمكن أن تشمل الأسئلة ما يلي: من الذي يقدم هذه الخدمات؟ وهل نستعين بمترجمين فوريين محترفين أو عضو من الأسرة ؟

هل يعرف المترجمون الفوريون المحترفون اللهجات الإقليمية المستعملة؟ تقليديًا, يحاول المترجم العملي تجنب الامور الشخصية قدر

الإمكان.و في الآونة الأخيرة, أصبح مفهوم الترجمة الفوريةاقرب للوساطة الثقافية أكثر شيوعًا.[167] نقوم في عيادتنا ببدأ علاقات مع أفراد في مجتمع معين – موثوق في سلوكهم و ريادتهم ويمكنهم مساعدة المرضى الذين يتلقون خدمات المترجمين الفوريين وجلسات التقييم والعلاج.

تدرك معايير CLAS أن الأقارب البالغين في بعض الأحيان هم الخيار الأكثر قابلية للتطبيق أو الوحيد. ومع ذلك, يتطلب هذا أن يتعرف مقدموا الخدمة على أي أجندات يمتلكها المترجم الفوري في نظام الأسرة. هل يمكن تحديد أن أحد أفراد الأسرة مهتم بمصالح المريض الفضلى بدلاً من اهتماماته (إذا كانت هذه الاهتمامات من المحتمل أن تكون مختلفة)؟ وتجدر الإشارة أيضًا إلى أن استخدام الأطفال أو المراهقين في دور المترجم الفوري ليس فكرة جيدة أبدًا.

العادات الغذائية:

ان ما نأكله له تأثير كبير على صحتنا النفسية. في العديد من الثقافات, يعتبر الطعام والمكملات أساسًا لأساليب العلاج التقليدية.

تعزيز فعالية العلاج, من المهم أن يعرف المعالجون مقدمو الرعاية الصحية جميع المواد, بما في ذلك المعالجة المثلية, التي يتناولها المريض.

كيفية وصف المشكلات:

الأعراض النفسية تظهر في بعض الحالات على البدن الذي يتعامل مع هذه الأعراضو هذا مقبول اجتماعياُ (ترى العديد من الثقافات أنه من الأفضل أن تكون مريضًا بدنيا من أن تكون «مجنونًا»).و الناس حسب خبرتنا يميلون إلى تفسير «الجنون» كأعراض ذهانية (تخيلية) مثل سماع أصوات والتنبؤ بأشياء غير حقيقية. لكن الاضطرابات العاطفية, وخاصةً الاستجابةً للضغوط البيئية, تعتبر جزءًا مزعجًا من وجودها

يعيشه الناس. لا يُنظر إليها بالضرورة على أنها اضطرابات يمكن علاجها. وبسبب الطريقة التي يُنظر بها إلى المرض النفسي إلى حد كبير، و قد لا يُفسر الناس القلق وأعراض الاكتئاب. لكن يمكنهم عادة التعرف على أعراض مثل الحزن والبكاء والحنق إذا سئلوا عنها مباشرة.

اعتبار لغة الجسد:

تختلف الممارسات التي تنطوي على التواصل البصري والمصافحة والإيماءات الأخرى باختلاف العادات الثقافية والدينية. في الولايات المتحدة, يعد وضع إصبع السبابة على رأسك بمثابة إدراك أن شخصًا ما لديه فكرة ذكية. في أجزاء من أوروبا, تعني الإيماءة نفسها أنك «لديك طائر محلق» (أي أنك مجنون).

الدينامية العائلية والطقوس الاجتماعية:

تميل أدوار الأسرة إلى التغيير مع الهجرة والتثاقف. يمكن أن يشمل ذلك من يكسب المال ومن يمكنه تعلم اللغة الجديدة بسرعة أكبر. فجأةً, الأطفال في الأسرة بحاجة ماسة إلى أن يتمكن كبار السن من فهم السكان المحليين, وتضع هذه المسؤولية عبئًا على الصغارو المراهقين غيرالمستعدين للعمل كمترجمين فوريين لوالديهم أو غيرهم من البالغين.

الوضع الاجتماعي والاقتصادي:

على غرار ديناميات الأسرة, يمكن أن يتغير الوضع الاجتماعي والاقتصادي مع الهجرة.و يتغير الطبيب السابق أو المحامي أو غيره من المحترفين فجأة (على الأقل على أساس مؤقت).

الجنس (Gender):

قد يكون العثور على معالج اومقدم خدمة من جنس المريض مصدر قلقو خاصة في حالة الأسئلة البدنية غالبًا ما يكون هذا صحيحًا بغض النظر عن الثقافة (العُرف) ولكنه قد ينطوي على محرمات دينية أو اجتماعية خاصة في بعض الظروف. كما وصفنا أيضًا في عدة أماكن، فإن النساء اللائي يخضعن لسلوك الهجرة القسرية يتعرضن كثيرًا للاستغلال الجنسي في بلدانهن الأصلية أو في رحلتهن إلى مكان جديد. ربما يشعر الكثير منهن براحة أكبر في معالجة هذه المشكلات مع الاناث.

والجدير بالذكر أن أوجه التشابه بين مرضى العيادات لا تضمن تلقائيًا أنه سيكون لديهم علاقة جيدة. إنهم لا يزالون أفرادًا وقد يكون لديهم آراء ووجهات نظر مختلفة.

التعريف بالخدمات الصحية:

كيف يتم التعريف بالخدمات الصحية المتاحة؟ ما هي الأساليب التي تعمل بشكل أفضل عندما نحاول إعلام المجتمع من خلال التوعية والتعليم؟ السماح للأشخاص بمعرفة أن الخدمات آمنة وسرية يمكن أن يكون عاملاً مهمًا في التوفيق بين الأفراد ومعالج صحي. من الواضح أن وجود موظفين يتحدثون لغة المجتمع أمر مهم.

ما هي طرق التشخيص والعلاج المطبقة؟

يحتاج ممارسو الصحة النفسية إلى معرفة أن اختبارات التقييم التي يستخدمونها صالحة لأشخاص من خلفيات ثقافية مختلفة. وهذا يشمل استخدام اللغة الصحيحة. هناك العديد من الأسئلة الجيدة التي يجب طرحها. على سبيل المثال، هل كانت المقاييس مفيدة لسؤال

السكان؟ من الناحية المثالية، يقيّم القياس بشكل مباشر وشامل الظروف والاستجابات النفسية والاجتماعية التي يواجهها العديد من المهاجرين. يمكن أن يكون تحديد نقاط القوة لدى المهاجر واحتياجاته على أبعاد واسعة مثل الضغوطات والأداء العاطفي والاحتياجات المهنية أساسًا لخطة خدمة فردية. مثل هذا النهج يمكن أن ينجح في مساعدة المهاجرين. دفعتنا هذه الفكرة إلى وضع قائمة جرد إعادة توطين المهاجرين الناجحة (SIRI)، وهي أداة مصممة لنقاط أعلى مثل هذه الخصائص

المستوى التنظيمي: الأسئلة التي يمكن للمسؤولين التنظيميين طرحها على أنفسهم تشمل: هل لدي خدمات تدريب احترافية تقوم بتعليم وتوجيه معالج صحيو خدمة فريق الدعم؟ هل يمكنني الوصول إلى مترجمين فوريين محترفين يغطون اللغات (بما في ذلك الاتصالات الإقليمية) منظمتي التي تحتاج إلى خدمة مجتمعنا؟ هل سياسات التوظيف والاحتفاظ بالموظفين لدي فعالة في تكوين قوة عاملة ماهرة تعكس المجتمع الذي تخدمه؟ هل المعالجين مستعدون وقادرون على تنسيق الرعاية مع المعالجين التقليديين عند اللزوم ؟ هل لدى منظمتي طرق قابلة للتطبيق للتحقق من نتائج العلاج ورضا المريض بحيث يمكن تحديد أي مشاكل وإدخال تحسينات؟

المستوى الدولي: تركز البحث والدعوة حول الكفاءة الثقافية على أهمية الصحة العالمية.على الصعيد الدولي في سياق السكان الذين يهاجرون والنزوح بسبب تغير المناخ والعلاقات الاقتصادية العالمية التي تسهل السفر وعوامل أخرى. يدافع هذا المنظور عن مناهج متعددة التخصصات تجمع بين المجالات الوبائية والثقافية والمالية والبيئية والعرقية والسياسية والقانونية. إنه يقر بأننا نعيش في عالم مترابط تكون فيه الصحة والعافية قضايا عالمية[168] وليست قضايا كل بلد على حدة.أصبحت الخبرات الدولية هي التركيز في العديد من الجامعات والتخصصات الأكاديمية. من المنطقي أن هذا النهج يمكن استخدامه في

مجالات الرعاية الصحية.[169] [170] على سبيل المثال، في مجال علم الإنسان الطبي لا يمكن الاستمرار في صنع مساهمات بحثية مهمة في مثل هذه المجالات

توجيهات: كيف نزيد معرفتنا عن طرق تقديم الخدمات الثقافية بطريقة فعالة ؟ إحدى الطرق هي التفكير في أساليبنا لإجراء البحث. حسب التقاليد، يستخدم البحث النفسي نهجًا يولد البيانات (الأرقام) يمكننا إدخالها في التحليلات الإحصائية، لكن هذه الطريقة تتطلب معرفة الأسئلة المطروحة مقدمًا. ماذا يحدث في حالة المجموعات السكانية التي يتخلى عنها دعاة السلام الصغار؟

وقد تمت مناقشة الكثير حول إجراء «ممارسة قائمة على الأدلة». بلغة واضحة، يجب أن نستخدم طرقًا مثبتة علميًا. من الواضح أن هذا منطقي. ومع ذلك، كما هو موضح أعلاه، هناك أوقات لا نعرف فيها ما يكفي من الأشياء التي تتميز بمجموعات متميزة ثقافيًا. لذلك، دعا بعض الباحثين إلى جمع المعلومات حول ما يصلح من المعالجين في الخطوط الأمامية، وخاصة أولئك الذين يعملون مع المهاجرين.واللاجئين في مجال الصحة النفسية ويسمى هذا أحيانًا «الدليل القائم على الممارسة» [171]

في هذا السياق العام، يمكن للباحثين استخدام ما قد يكون في بعض الأحيان نهجًا مختلطًا [172] لاكتساب والتعرف على مجتمع الجالية من خلال ترتيب مناقشات مفتوحة مع أعضائها. وأسئلة محددة لمتابعة الدراسات باستخدام الطرق العددية (بترتيب عددي) التي تحتاج إلى طرحها [173]

. يجمع نموذج التنظيم النهائي الذي نتبناه بين العلاج المجتمعي والبحث. بحيث يمكن لمعالج ألتعاون مع الجامعات في وضع مكون البحث، ومن الناحية المثالية، يدمج النموذج تنظيم المجال (النفسي) والبدني العام ،و طب الأسنانو البيئة، والصحة العامة، ثم يختبر الباحثون النظام

بطرق مختلفة، وتستخدم المنظمة نتائج البحث لتحسين الخدمات.و فعاليتها

مثال حالة معالجة من واكيم ريمان Joachim Reimann:

هنا مثال على كيف يستطيع المرضى أن يشعروا بأن معالجهم أو مقدم الرعاية الصحية الآخر يفهمهم حسب ثقافتهم.

عالجت زوجين لاجئين من شرق إفريقيا لعدة أشهر. كانوا في الستينيات من العمر ولم يكونوا يتمتعون بصحة بدنية جيدة كانت المرأة على وجه الخصوص. تعاني من اضطراب ما بعد الصدمة PTSD بسبب الحرب الأهلية المؤلمة في الوطن.و كان الزوج يحاول إعالة الأسرة ولكنه واجه صعوبات في القيام بذلك.

الافتراض الشائع هو أن سكان شرق إفريقيا لن يكونوا قادرين على البحث أو المشاركة أو استعمال الخدمات الصحية النفسية. ومع ذلك، قرر هذان الزوجان أنهما «آمنان» ويعملان بجد لتحسين أدائهما النفسي.

ومع ذلك، كان النقل مشكلة. بسيارتهم المعطلة، لذلك قرروا ركوب الحافلة.و لسوء الحظ، لم يكن الزوجان يعرفان نظام النقل العام فأوصلهم بعيداُ عن العيادة بمسافة خمسة أميال لقد توصلنا إلى حل المشكلة في العثور على أفضل مسار للحافلات (والذي أدى إلى إنزالهم على الرصيف أمام العيادة مباشرةً) والأهم من ذلك، أنني قدرت واحترمت هذين الزوجين الذين حافظا على مواعيد العلاج، على الرغم من أنهم من ثقافة يفترض أنها لا تهتم بخدمات الصحة النفسية.

هناك أيضًا أوقات يحتاج فيها العلاج إلى تضمين أساليب غير عادية. كما في المثال التالي:

عالجت امرأة من كينيا قبل بضع سنوات. كانت ودودة ومتحمسة لتحسين الظروف. لكنها أيضًا لا تستطيع القراءة والكتابة. بالإضافة إلى ذلك, هناك مشاكل في التركيز.

و حتى لو كانت أمية لم تتعلم الكتابة, فإن معظم الناس من دول شرق إفريقيا يتعلمون كيفية رسم أسماءهم بدل الكتابة في الواقع, حيث يرسمون علامات عن ظهر قلب توضح الاسم. وهذا يسمح لهم «بالتوقيع» على الوثائق والتعامل مع الأعمال الأخرى. ومع ذلك, لم تكن السيدة قادرة على تعلم هذه العملية.

التحقت بمدارس الكبار لكنها لم تتمكن من تحقيق أهدافها على شكل دروس.

لكن القدرة على كتابة اسمها كانت مهمة جدًا بالنسبة لها، وبالتالي، قضيت معها بعض الجلسات القصيرة للتدرب على الكتابة.

هل عملت معها كمعلمة ام كمعالجة؟ ولأن اسمنا هو جوهر هويتنا الشخصية فهو يمثلنا للعالم. كان تعلم القيام بهذه المهمة خطوة إلى الأمام، ليس فقط من الناحية العملية ولكن أيضًا في الهوية والعلاقات مع الآخرين.و ساعد ذلك في تحسين أدائها العاطفي.

دور رفع الروح المعنوية و المثابرة

يعتبر علو الروح المعنوية والمثابرةو الذكاء العاطفي والمرونة أساسا للاندماج الناجح لمجتمعات المهاجرين.

ما الذي يسمح للبعض بالتكيف بينما لا يفعل الآخرون؟ لا بد من أن تكون المرونة النفسية محددة للقدرة على المثابرة والعاطفة والوجدانية في مواجهة الأزماتو مع مزيد من المرونة يكونون أكثر مناعة ضد الاكتئاب

المرتبط بالصدمات[174]

لاحظ علم النفس أن الروحانية يمكن أن تكون أحد العناصر التي تساعد الناس على اكتساب المرونة إذا كان لها تأثير مهدئ.[175] ووجدت إحدى الدراسات، على سبيل المثال، أن الأشخاص الذين يعيشون في الولايات المتحدة مهاجرين من جنوب آسيا، ويمارسون اليوجا والمعارف الروحانيةو كانوا مرتبطين بصحة عاطفية وصحة عامة أفضل.[32] وفي بحثنا الخاص، كان الأشخاص من دول الشرق الأوسط وشرق إفريقيا يميلون إلى إيجاد العزاء في الصلاة[31]

ان للشفاء بالروحانيات روابط تاريخية قوية. على سبيل المثال، يمزج العديد من المعالجين التقليديين مثل كوراندروس في أمريكا اللاتينية الممارسات الطبية التقليدية الأصلية مع الطقوس الدينية.

مثال حالة معالجة من واكيم ريمان
Joachim Reimann:

أدناه مثال من تاريخ عائلتي. نشأت عمتي، إنجبورج رايمان، في ألمانيا خلال أواخر العشرينات من القرن العشرين وبداية ثلاثينيات القرن الماضي، وعندما بلغت سن الرشد، دخلت إنجبورج في نوع من الأخوة. البروتستانتية «schwester Kranken " (تترجم بشكل فضفاض إلى أخت للمريض). بعبارة أخرى، أصبحت ممرضة واتبعت تلك المهنة لبقية حياتها.

الآن يطلق على الممرضات في ألمانيا اسم Krankenpfleger (ذكر) أو Krankenpflegerin (أنثى)و مهن التمريض في أوروبا. لكن المصطلح الأكثر تقليدية "أخت" يسلط الضوء على الروابط القوية بين المؤسسات الدينية ورعاية المرضى.

يمكن أن يكون التركيز العام على الروحانية في الأسرة والمجتمع الأوسع مفيدًا, ويمكن أن يساعد الناس في الحفاظ على الاضطرابات النفسية المنطقية في سياق التفسيرات الدينية أو الروحية [176] إذا كانت هذه التفسيرات إيجابية وداعمة, فيمكن أن تكون جزءًا من عملية الشفاء [177]

بالإضافة إلى ذلك, سوف يستشير بعض المهاجرين أعضاء دينهم في الدين ويجدون أنفسهم في ضائقة نفسية [31]. إن رجال الدين ليسوا بالضرورة متخصصين في الصحة النفسية. إن وضع مثل هذه الأعمال في سياق ديني يمكن أن يقلل من المحرمات الثقافية ويمنح الناس الراحة من عقوبة رسمية للدخول في العلاج. دعم البحث هذا النهج باعتباره فعالًا. [178], على سبيل المثال, وجدت دراسة بريطانية أن 60٪ إلى 80٪ من أفراد الذين يحيلون الأشخاص المحتاجين إلى متخصصين في الصحة [179] النفسية.

تزيد القابلية للنجاح من أن تكون قادرة على تحسين العلاقات بين الأشخاص بشكل مدروس وبتعاطف. غالبًا ما يُعتقد أن الذكاء العاطفي يحتوي على خمسة مكونات أساسية: الوعي الذاتي والتنظيم الذاتي والدافع الداخلي و التعاطف والمهارات الاجتماعية.

الذكاء العاطفي باختصار هو القدرة على الانخراط في التقييم الصادق للأشياء وغيرها.الأساليب الحالية تعمل. سأل طبيب نفسي مشهور إلى حد ما باسم ويليام جلاسر [180][181] «ماذا تفعل وهل تعمل؟» إذا كانت الإجابة «لا تفعل», افعل شيئًا آخر. الفرضية الأساسية [182] هي أن الناس لديهم القوة والمسؤولية لاتخاذ قرارات أفضل, والسؤال ذو الصلة الذي يجب طرحه هو: هل الشعور بالاكتئاب يساعد في حل المشكلة؟ هناك العديد من الأحداث في الحياة لا يستطيع الناس السيطرة عليها, وتحمل المسؤولية عن الأشياء التي يمكن أن تؤثر على الناس يمكّنهم.

أخيرًا, مفهوم احترام الذات مهم. تعريف لغات أكسفورد هو «الثقة في ملكية الفرد أو القدرات و احترام الذات». بالإضافة إلى ذلك, تم ربط احترام الذات بالرضا عن الحياة، والتحفيز والعمل الشاق على تحقيق النجاح, والقدرة على التحكم في الهموم.يمكن أن يساعد المهاجرين على التكيف.

على العكس من ذلك، يميل أولئك الذين يعانون من تدني احترام الذات إلى الاعتقاد بأنهم غير كافيين ما لم يتم تحقيق المال والحب والإنجازات الأخرى. لكنهم من غير المرجح يرون أنفسهم أن يكتسبوا هذه النجاحات من خلال العمل معهم [183]

كيف يكتسب الناس احترام الذات؟ أحد العوامل المهمة هو أن الناس يجب أن يروا أنفسهم أولاً بطريقة واقعية. لا يعتقد الأشخاص الذين يتمتعون بتقدير الذات أنهم ببساطة رائعون لأنهم موجودون. النجاح ليس حقاً مكتسباً, بل هو مكتسب. لكن الناس قادرون عمومًا على النجاح إذا طبقوا أنفسهم. من المرجح أن يؤدي العمل بناءً على هذه الفرضية إلى نتائج إيجابية, وبالتالي تطوير احترام الذات.

توصي مايو كلينك الأمريكية (Mayo Clinic) [184] بأنه للحصول على قدر أكبر من احترام الذات والثقة, يجب أن نبدأ في تحدي تفكيرنا السلبي أو غير الدقيق. يشمل التفكير السلبي وغير الواقعي:

1. رؤية المواقف كليًا بطريقة واحدة فهي إما رائعة أو مروعة تمامًا. بمعنى آخر, إذا لم أفعل شيئًا على أكمل وجه, فقد فشلت.

2. التفكير السلبي في الظروف: على سبيل المثال, ارتكاب خطأ واحد سيخبر الجميع بأنني فاشل, ويمكن أن يشمل هذا أيضًا التقليل من الإنجازات لأنها كانت «سهلة للغاية».

البدائل الوضعية هي:

1. اجعل مطالبك التي تضعها على نفسك معقولة. إذا واصلت استخدام الكلمات «ينبغي»و "يجب"، فمن المحتمل أن تضع عبئًا لا داعي له على نفسك.

2. ضع في اعتبارك الأخطاء على أنها تجارب تعليمية. لا يوجد خطأ في أن تكون ناجحًا. لكننا لا نتعلم مهارة جديدة على أية حال، يقول المربي جون ديوي [185] أن الفشل ضروري للتعلم.و يصبح هذا مرجحًا عندما نقوم بتقييم الفشل بشكل واقعي، ونأخذ في الاعتبار التعليقات الواردة من الآخرين، ونستخدم تحليلنا للقيام بعمل أفضل في المرة القادمة.

هذه الأمثلة المذكورة أعلاه ليست شاملة. ولكن قدموا بعض الاستراتيجيات الأساسية التي يمكن أن تكون مفيدة.

تداخلات القضايا القانونية والنفسية

على الرغم من أننا لسنا محامين، يمكن أن يساعد علماء النفس في عدد من الظروف القانونية. هناك العديد من قوانين الهجرة والمواطنة في الولايات المتحدة التي قد تأخذ بعين الاعتبار قرارات الفرد النفسية، وإليك بعض الأمثلة.لا يُقصد منها أن تكون شاملة (يجب على الناس استشارة محامي الهجرة للحصول على معلومات قانونية دقيقة.)

القوانين التي تحكم طلبات اللجوء السياسي: كما هو موضح في هذا الكتاب، يعتقد بعض المهاجرين أنهم مجبرون على الفرار من وطنهم لأن البقاء سيهدد حياتهم. بسبب الظروف الخطرة في بلدهم الأصلي

القوانين التي تحكم طلبات اللجوء: كما هو موضح في هذا الكتاب، يعتقد بعض المهاجرين أنهم مجبرون على الفرار من وطنهم لأن البقاء سيهدد حياتهم. بسبب الظروف الخطرة في بلدهم الأصلي.

نظرًا للظروف الفوضوية في بلدانهم الأصلية, يواجه العديد من طالبي اللجوء مشاكل في توثيق تجاربهم الوقائية التي حدثت بالفعل. التقييمات النفسية في مثل هذه الحالات يمكن أن تظهر مدى خطورة العديد من الأعراض وما إذا كان من المعروف أن هذه الأعراض مرتبطة بالظروف التي يصفها طالبو اللجوء.

القو انين التي تمنع الترحيل إذا كان المواطن الأمريكي سيتعرض لصعوبات خاصة وشديدة بسبب هذا الترحيل: تتضمن «حالات المشقة الشديدة» بشكل عام ظروفًا يكون فيها فرد أو أكثر من أفراد الأسرة المباشرين (للزوج على سبيل المثال) من مواطن أمريكي أو مقيم دائم تحت التهديد بالترحيل. يمكن للمواطن الأمريكي المقيم بشكل قانوني التقدم بطلب للحصول على تنازل عن الترحيل لأن مثل هذا الترحيل سيؤدي إلى معاناة خارجة واستثناء من وجود مواطن أو مقيم غير شرعي. وهذا يشمل المصاعب إذا كان المقيم القانوني سينتقل إلى البلد الأصلي للقريب المُرحّل.

مثال من دلورس:
DoloresRodriguez-Reimann:

كانت أسرة تحت تهديد الترحيل. اعتمدت الأم (مواطن أمريكي) عليه في الدعم الاقتصادي والعاطفي. بالإضافة إلى ذلك, كان لدى أحد أبناء الزوجين (أيضًا مواطن أمريكي) احتياجات خاصة يتطلب برامج تعليمية خاصة ودعمًا طبيًا. ومن غير المرجح أن يكون هذا النوع من الدعم متاحاُ في بلد الأب.و كان لتوضيح التقييم النفسي 1) لم يكن هناك مشاكل نفسية أخرى قبل أن يصبح خطر الترحيل كبيرًا, 2) أنها كانت تعاني الآن من اضطرابات عاطفية كبيرة وقابلة للتشخيص سريريًا بسبب هذا التهديد ،و 3) يحتمل أن يتسبب هذا الاضطراب - في حدوث مشاكل نفسية لم يتم حلها.

القوانين التي تسمح للمهاجرين ألبقاء في الولايات المتحدة للازواج المعرضين للإساءة: حسب قانون العنف ضد المرأة الامريكي (VAWA) الذي ينطبق فعليًا على جميع الأجناس. على سبيل المثال، شخص من بلد أجنبي متزوج مواطن أمريكي قانونيو هو دائم الإقامة. يتعرض هذا الشخص بعد ذلك للعنف المنزلي من زوجته الجديدة ويسعى إلى الطلاق أو الانفصال القانوني. يمكن للشخص المعتدى عليه تقديم التماس الى VAWA طالما أن فسخ الزواج مرتبط بالعنف المنزلي و/أو سوء المعاملة. يمكن أن تكون الإساءة نفسها لفظية و/أو بدنية و/أو جنسية و/أو نفسية. في مثل هذه الحالات، توثق التقييمات النفسية العواقب العاطفية للإساءة.

مثال حالة معالجة من واكيم ريمان
Joachim Reimann:

وجدت مواطنة أمريكية موقعًا على الإنترنت يعرض أزواجا محتملين في إحدى دول أوروبا الشرقية.و بدأت في مراسلات مع أحدهم مرارًا وتكرارًا

ثم تزوجت منه لكن تدهورت علاقتهما كزوجان في الولايات المتحدة. وتعرض الزوج للتهديد أيضًا، وقالت له بهدوء إنه ليس لديه حقوق في هذا البلد، لأنه ليس مواطنا أمريكيا، ويمكنها ترحيله أو استغلاله كما تشاءو في أي وقت تختاره.و في هذه الأثناء، كان الرجل يبحث بالفعل عن نساء أخريات على نفس موقع الإنترنت حيث وجد زوجة. لحسن الحظ، رفعت الزوجة اتهامات قانونية ضد زوجها، وفي النهاية وثق التقييم النفسي وضعه تحت الاكتئاب العاطفي الذي تسببت فيه الزوجة.

تسمى الآلية ذات الصلة في الولايات المتحدة " U VISA". وهذا يعطي الوضع القانوني للمهاجرين غير المسجلين الذين وقعوا ضحايا

لجرائم خطيرة في الولايات المتحدة. يمكن أن تشمل هذه الجرائم الاعتداء الجنسي، والعنف المنزلي، والعبودية القسرية، والاستغلال الجنسي، والاختطاف، والاتجار بالبشر والاغتصاب. إذا تمكنوا من الحصول على تأشيرة UV للمهاجرين، فسيبقون ويعملون لمدة أربع سنوات. بالإضافة إلى ذلك، يمكنهم التقدم للحصول على وضع الإقامة الدائمة بعد ثلاث سنوات. كما هو الحال في الحالات الأخرى الموضحة أعلاه، فإن التقييمات النفسية والوثيقة والعاطفية التي يعاني منها مقدم الطلب بسبب سوء المعاملة.

معايير الحصول على الجنسية الأمريكية: هناك العديد من المعايير للحصول على الجنسية الأمريكية. وتشمل هذه القدرة على التحدث والقراءة والكتابة باللغة الإنكليزية. بالإضافة إلى ذلك، يجب أن يكون المتقدمون قادرين على اجتياز الأسئلة المهمة المتعلقة بالتاريخ والحكومة والمواضيع المدنية الأخرى، حيث سيتمكن المتقدم من فهم المجتمع الأمريكي والمشاركة فيه.

لكن في بعض الأحيان، هناك أسباب طبية تمنع مقدم الطلب من النجاح في هذه الاختبارات. وتشمل هذه الحالات تأخيرات في النمو، والذهان، ومشاكل تذكر المعلومات الجديدة. وحيث إنه يمكن استدعاء علماء النفس للتحقق من أسباب عدم تمكن المهاجر من اجتياز هذه الأنواع من الاختبارات.

الحالات التي تنطوي على أعراض ذهانية (تخيلية) (مثل الفصام أو الخرف) أو التأخر في النمو سهلة التوثيق نسبيًا. يمكن أن تظهر الاختبارات المعرفية كيف أن مثل هذه الإعاقات لا تتعلم قدرات الشخص، ولكن هناك حالات أخرى لا يستطيع فيها مقدم الطلب اجتياز اختبارات الأهلية للجنسية.

مثال حالة معالجة من واكيم ريمان
Joachim Reimann:

حضرت لاجئة إلى عيادتي. وكانت تعرضت لصدمة كبيرة في وطنها. خلال الحرب هناك, تعرضت للهجمة في المنزل, وضربت على رأسها, واغتصبت. في هذه العملية, فقدت الوعي. قتل العديد من أقاربها. ثم فرت المرأة من بلدها وأمضت سنوات في مخيم للاجئين. كانت الخدمات الطبية في وطنها والمخيم بسيطة للغاية هذا إن وجدت أصلاً. وبالتالي, لم تتلق خدمات التشخيص لمعرفة ما إذا كانت الضربة على رأسها قد أدت إلى إصابة دماغية بالغة. بشكل عام, تلقت فقط علاجًا طارئًا بسيطًا.

لقد كانت هذه المرأة مصدومة للغاية.و عانت من علامات واضحة لاضطراب ما بعد الصدمة. كانت تعاني من مشاكل خطيرة في النوم, في بعض الأحيان, بسبب الأفكار المتسقة والمتطفلة حول تجاربها, مما جعلها تشعر بالخوف والاستيقاظ.و تضيع بسهولة عندما تغادر المنزل بمفردها, على الرغم من أنها عاشت فيه لعدة سنوات. لقد حاولت تعلم اللغة الإنكليزية في مدرسة للبالغين ولكن دون جدوى.

باختصار, كانت المرأة تعاني من مشاكل كبيرة في تذكر المعلومات الجديدة أو الأحداث الأخيرة. حتى لو لم تكن تعاني من إصابات دماغية رضحية, فإن هذه المشاكل كانت مزمنة. نظرًا لأن هذا منعها من التركيز على محيطها المباشر, فإنها لم تستطع تذكر ما لم تستطع في الواقع دفعه في المقام الأول. تفسير هذا الظرف وتوثيقه يمكن أن يساعد بشكل شرعي مثل هذا الشخص في الحصول على إعفاء من متطلبات اختبار اللغة الإنكليزية والتاريخ والتربية المدنية

تختلف قوانين وسياسات الهجرة المحددة اختلافًا كبيرًا من بلد إلى آخر. ومع ذلك, كانت هناك جهود داخل الاتحاد الأوروبي لتطوير قوانين

أكثر تكاملاً وتماسكًا عبر الدول الأعضاء. سعت معاهدة لشبونة لعام
2009[186], على سبيل المثال, إلى إنشاء قواعد موحدة تحكم معايير اللجوء,
وحماية اللاجئين, والمسؤوليات التي تتحملها مختلف البلدان في الاتحاد
الأوروبي للنظر في طلبات اللجوء, والشراكات بين الاتحاد الأوروبي ودول
خارج الاتحاد الأوروبي. في المملكة المتحدة, ينص قانون الجنسية والهجرة
واللجوء لعام 2002[187], على شروط (كما يوحي الاسم) الجنسية والهجرة
واللجوء. كما أنها تحدد الجرائم التي تتناول الاتجار الدولي بالبغاء. كما
هو الحال في الولايات المتحدة, يمكن استخدام التقييمات والتقارير
النفسية في قضايا الهجرة. وتشمل هذه طلبات اللجوء وكذلك القضايا
المتعلقة بالإقامة والجنسية البريطانية و أثر الترحيل.

المجال الآخر الذي تُستخدم فيه التقييمات النفسية في الساحة
القانونية الأمريكية هو عندما يصاب عامل أثناء عمله. هذا مهم بالنسبة
للمهاجرين لأنه, كما ذُكر سابقًا, العديد من الأعمال متفردة في وظائف
بدنية عالية حيث أن مخاطر الإصابة بالضرر أكبر. يصبح هذا الموقف
أكثر تعقيدًا لأن قوانين تعويض العمال (WC) تختلف اختلافًا كبيرًا
من الولايات المتحدة إلى أخرى. نظرًا للقواعد المعنية, يقوم عدد قليل
نسبيًا من المعالجين مقدمي خدمات الصحة النفسية بإجراء تقييمات
نفسية أو إجراء العلاج في حالات تعويض العمال. بعض مقدمي الخدمة
المعالجين في كاليفورنيا لديهم شهادة خاصة. واحد منا (واكيم) هو كذلك
QME. وقد عالجت (دلورس) أيضًا عددًا من العمال المصابين نفسياً.
تُظهر تجربتنا المشتركة أن العديد من العمال الذين قابلناهم لا يتحدثون
الإنكليزية إلا قليلاً أو لا يتحدثون على الإطلاق. نظرًا لتعقيد نظام (WC)،
فمن المهم بالنسبة لهم الحصول على علاج فعال ثقافيًا بالإضافة إلى
المشورة القانونية.

المعلاجات

نتناول في أجزاء أخرى من هذا الكتاب (وكذلك الكتاب الأول في هذه السلسلة) أهمية الكفاءة الثقافية في علاج مجتمعات المهاجرين.

يركز هذا الكتاب على الرغم من التغطية التفصيلية للحسابات التاريخية في مجالات الطب النفسي أو علم النفس, كما أننا لا ندخل في كل النظريات حول العلاج الذي تسبب فيه.

من العلاجات المستخدمة حاليًا والتي يتم تقديمها أدناه.

وصف العديد من عملائنا الارتباك حول الأشخاص المختلفين الذين يقدمون المساعدة. ما هو الفرق بين العالم النفساني والطبيب النفساني؟ ماذا عن الأشخاص الآخرين الذين يقولون إنهم يقدمون شكلاً من أشكال العلاج؟ سنبدأ بوصف أنواع معالجي الصحة النفسية/ السلوكية الموجودة.

يوجد في الولايات المتحدة العديد من مقدمي خدمات الصحة النفسية المختلفين, فبعض هذه السلوكيات مهنية يمكن مقارنتها في أجزاء أخرى من العالم. فيما يلي نظرة عامة على أكثرها شيوعًا.

الأطباء النفسانيون: هؤلاء أطباء. وبالتالي، فإنهم حاصلون على درجة. دكتور في الطب (M.D Psychiatrists) أو. دكتور في الطب التقويمي(D.O). بعد حصولهم على تلك الدرجة في الطب, يكمل الأطباء النفسيون عادة ثلاث سنوات من الإقامة في الطب النفسي, بالإضافة إلى أنهم يجتازون الاختبارات ويمارسونها بشكل قانوني. يمكن للأطباء النفسيين وصف الأدوية ويمكنهم أيضًا إجراء العلاج النفسي. في الواقع, كان الأطباء النفسيو وضعوا العديد من هذه العلاجات. ولكن في الوقت الحاضر يركز معظم أطباء النفس بشكل حصري على الأدوية بعد إجراء

التقييم الأولي. على الرغم من أنها ليست هي نفسها تمامًا، فإن متطلبات أن تصبح طبيب نفسي في العديد من البلدان الأخرى تشبه ما هو موجود في الولايات المتحدة.[188]

طبيب النفس السريري–Psychologists Clinical: يحصل على درجة الدكتوراه في علم النفس. يمكن الحصول على درجات دكتوراه محددة: (دكتوراه في الفلسفة) أو دكتوراه (دكتوراه في علم النفس). من أمريكا بالإضافة إلى ذلك، أكمل بعض الأشخاص. (دكتور في التربية Ed.D) مع التركيز القوي على علم النفس والعلاج النفسي. تاريخيًا، كان هناك عدد قليل من الولايات الأمريكية التي سمحت للأشخاص الحاصلين على درجة الماجستير بالحصول على ترخيص للعمل كعلماء نفس.

بعد الحصول على الدكتوراه، يكمل علماء النفس عادة ما يقرب من عام (غالبًا 1500 ساعة) من المهنة - خضعوا للإشراف لممارسة سريرية قبل الحصول على ترخيص.

بين علماء النفس الذين يقومون ببعض أشكال التقييم والعلاج، يمكن أن يكون هذا نوعًا من أنواع متعددة، ومن الأمثلة على ذلك استشارة علماء النفس وعلماء النفس الشرعي وعلماء النفس العصبي. الاختلافات التي تنطوي بشكل عام على مقاربة العلاج بالحيوان ومجال معين من علم النفس التركيز على الاستشارة يميل علماء النفس إلى العمل مع الناس الذين يعانون من مشاكل في تعديل ظروفهم في التوظيف، والحياة الطلابية، والزواج، والشركاء الآخرين، والعلاقات الأسرية.و يضعون تركيزًا أقل على تشخيص المرضى رسميًا.

من المرجح أن تقدم تقييمات للصحة النفسية في القضايا القانونية. أخصائيو علم النفس العصبي متخصصون في الاختبار الذي يحدد مشاكل الدماغ نتيجة صدمات الرأس على عكس مهن الصحة النفسية الأخرى، يتلقى علماء النفس تدريبًا على كيفية اختبار الأشخاص رسميًا

بحثًا عن المشكلات الفكرية والتعليمية والعاطفية. مع بعض الاستثناءات، و لا يصفون الأدوية. (بعد إكمال بعض التدريب الإضافي، يمكنهم القيام بوصفات محدودة في ولايات آيوا، وأيداهو، وإلينوي، ونيو مكسيكو، ولويزيانا، بالإضافة إلى ولاية غوام الأمريكية).

يمكنهم ان يصفوا أدوية داخل الولايات المتحدة اذا كانوا موظفين في خدمات الصحة العامة، والخدمات الصحية الهندية، وبعض أجزاء من القوات العسكرية الأمريكية).

تمكن الناس في بعض البلدان الأخرى من الحصول على درجات الماجستير (أو ما يعادلها محليًا) من الحصول على تراخيص علم النفس. الدول الأخرى لديها العديد من المتطلبات التي قد تختلف اختلافًا جوهريًا عن تلك الموجودة في الولايات المتحدة.[189] ووفقًا لتقرير صادر عن جمعية علم النفس الأمريكية، فإن بعض البلدان مثل الهند وسنغافورة والإمارات العربية المتحدة، لا تطلب ترخيصًا أو تنظيمًا لعلم النفس الإكلينيكي. ولكن في أمريكا الشمالية (كندا والولايات المتحدة والمكسيك) تم النظر في الجهود المبذولة لتوحيد متطلبات التعليم والخبرة[190]

معالجين آخرين كما لدى عدد من مقدمي خدمات الصحة النفسية الإضافيين الذين يتطلب ترخيصهم درجة الماجستير بدلاً من الدكتوراه. وتجدر الإشارة إلى أن بعض هؤلاء المزودين لا يحتاجون إلى الدكتوراه، حتى لو كانت لديهم تراخيص، ولا تتطلب ذلك. وهناك أيضًا «ممرضون وممرضات مسجلون» و«ممرضون متخصصون في الطب النفسي»[191]

كيف يتم البحث عن معالج من بين كل هذه الخيارات؟ إذا كانت هناك حاجة للأدوية، فعليك الذهاب إلى شخص يمكنه وصفها. لكن معظم أنظمة الولايات المتحدة تستخدم نهج «ليس بابًا خاطئًا». بعبارة أخرى، ما الذي تبدأ به، يجب أن تحصل على إمكانية الوصول إلى جميع

أنواع الخدمات التي تحتاجها. التواصل مع شخص يمكنك الوثوق به
ويمكنه التعامل مع علاقة عمل جيدة مع الخطوة الأولى والأكثر أهمية.
وليس من المستغرب أن يرتبط هذا بنتائج علاجية جيدة في دراسات
متعددة[192]

تتضمن الخطوة الأولى في اختيار أخصائي علم النفس أو المستشار
أو الطبيب النفسي قضاء بعض الوقت في التفكير في الصفات التي
ستسمح لك بالراحة أو الثقة مع المعالجين و مساعديهم. على سبيل
المثال, هل تعتقد أنك ستكون أفضل مع رجل أو امرأة؟ هل يوجد
معالجين يتحدثون لغتك الأم و/أو يشاركونك خلفيتك العرقية؟ بعد
التفكير في هذه العوامل, تحقق مع شركة التأمين و/ أو العيادة لمعرفة
ما إذا كان لدى المعالجين مساعديهم الخدمة جدول زمني مناسب لك.
الأسئلة التي قد ترغب في طرحها على الاجتماع الأول, بما في ذلك: يوم
العمل أمسيات وعطلات نهاية الأسبوع؟ ما هو نهجك العلاجي؟ ما هي
مجالات خبرتك؟ كيف ومتى تستجيب عادة للمرضى؟

ماذا تفعل إذا حددت موعدًا مع معالج ولكنك لاحقًا تجد أنك غير
متواصل؟ (في هذه العملية, من الجيد دائمًا التحقق من دوافعك. في
بعض الأحيان نقرر أننا لا نتواصل لتجنب مواجهة موضوعات صعبة
وجهاً لوجه لأن ذلك سيجعلنا نشعر بعدم الارتياح). من المهم معرفة ما
إذا كان العلاج يعمل والالتزام. تذكر أن التهاب وظيفة المعالج الخاص بك
هو التحدي, وأحيانًا تجعلك مسؤولاً أمام نفسك.

لكن مواجهة التحدي لتجاوز منطقة الراحة الخاصة بك يمكن أن
يؤدي أيضًا إلى إحراز تقدم.

1) شخص ما يؤسس لواحد من الأشخاص الذين يحتاجون إلى
العمل أثناء امتلاكك للمساءلة و 2) شخص لا يمكنك التواصل معه,
سواء

بناء علاقة عملية وموثوقة ويمكن الاعتماد عليها مع المعالج الخاص بك.في الوقت نفسه، ليس من الجيد الاستمرار في العلاج لأنك لا تريد إيذاء مشاعر المعالج. ما عليك سوى الاستمرار في العلاج, حتى لو لم تكن قادرًا على تحسين الفهم ولكن ليس منتجًا.

كنقطة أخيرة, غالبًا ما نرى المرضى في ممارستنا يختارون أنواع موجودة (على الأقل رمزيًا) من الأشخاص الذين يميلون إلى التعامل معهم, ويريدون العمل من خلال ذلك. وهنا بعض الأمثلة.

مثال من دلورس ريمان
DoloresRodríguez-Reimann:

هذا أمر شائع في الزيجات متعددة الثقافات حيث يكون مرضى من خلفية ثقافية/ عرقية مختلفة، لكن الشريك أو الزوج لاتينا/ لاتيني. في كثير من الأحيان, كان لدي أيضًا مرضى رجال عملوا مع معالجين رجال في الماضي ولكنهم شعروا أن الوقت قد حان للعمل مع طبيبة نفسية.و قد يساعدهم ذلك في العمل من خلال قضايا تتعلق بالعلاقة مع والدتهم أو رئيستهن. إذا كنت تعمل مع معالج يوفر حقًا بيئة آمنة, فيمكنك استكشاف هذه المشكلات والبحث فيها بشكل مفتوح.

في بعض الأحيان, يكون الحال معكوساً. لقد كان هناك العديد من المرضى بعد ذلك شعروا «بالخذلان» من قبل المراجع. وقد افترض المرضى ذلك لأنهم يشاركون نفس الثقافة (العٌرف) أو البلد الأصل ،و بالتالي يتشاركون تلقائيًا في نفس الآراء والتجارب والتصورات.و بصفتي طبيبتهم أقوم دائمًا بتذكير المرضى بالتنوع وليس كل فردمن جاليتهم هذه له تلقائيًا نفس وجهة النظر.

التواصل مهم بالنسبة للأشخاص الذين يعلمون أن العلاج سيظل سريًا. وتتضمن السرية أن يكون كل من الخدمات التي يتعامل معها العلاج

والمعلومات التي يتم مشاركتها فقط هناك. هذا مثال يوضح النقطة:

مثال حالة معالجة من واكيم ريمان
Joachim Reimann:

قبل بضع سنوات, دخل مريض أمريكي آسيوي كبير السن إلى العيادة التي كنت أديرها في ذلك الوقت. أظهر استعراض للمعلومات الأساسية أنه قد سافر إلى موقع أقل من عدد قليل من الأطفال. إلا أن العيادة المتخصصة في علاج الأمريكيين الآسيويين (والتي كانت تتمتع بسمعة كبيرة) كانت قريبة جدًا من منزلها. في حين أننا نقدم خدمات مساعدة طبية مستحقة للمرضى, سألنا أيضًا عما إذا كان من الأنسب لها أن تحصل على المساعدة في العيادة القريبة منها وتعرف مجتمعها جيدًا.

العلاج النفسي – نظرة عامة

يقدم القسم التالي نظرة عامة على النفسيين الأساسيين الأخرين وخاصة ما إذا كان ينطبق على مجموعات السكان المهاجرين.على طول تاريخ الممارسة و/أو الأبحاث مدعومة بالنتائج التي تدعم فعاليتها في مساعدة المرضى

هناك أيضًا عدة طرق يتم من خلالها إجراء العلاجات. يتضمن بعضها جلسات فردية لا يحضر خلالها سوى المريض والمعالج. يتضمن بعضها جلسات يشارك فيها أفراد الأسرة الآخرون. تتضمن بعض المجموعات التي يتحدث فيها المشاركون عن نوع معين من المشاكل (على سبيل المثال, الغضب والصدمة والاكتئاب) وسرعان ما. تعتمد أعمال المواجهة بشكل أفضل من الظروف الفردية للمريض. قد يبدأ الناس في استخدام العلاج الفردي وبعد ذلك مجموعة إذا اعتقدوا أنها ستكون مفيدة.

قد يسبب العلاج الجماعي مخاوف حول السرية. ومن المفارقات, أن الأبحاث في جاليات الشرق الأوسط من السكان العرب تظهر أن وجود بعض المجموعات المحلية[193] يمكن أن الافادة منهم. عندما يعلم المرضى أن المجموعات هي بيئة آمنة و يمكنهم الاستفادة منها

قبل أن نبدأ, يجب أن نعترف بأن خدمات الصحة النفسية لم تتمتع دائمًا بسمعة طيبة على مر التاريخ. غالبًا ما كانت تُعرف المؤسسات باسم «مصحات المجانين» وتضمنت علاجات، على أقل تقدير، مشكوك فيها وفقًا لمعايير اليوم. بالإضافة إلى ذلك, أفلام مثل

- One Flew Over the Cuckoo's Nest
- The Color of Night
- Analyze This

وهي في كثير من الأحيان, بعيدة عن العلاج النفسي الحقيقي. حيث تعرض الأشخاص مع مزيج من الأعراض التي لا تعكس ما نعرفه عن التشخيص النفسي الصحي, و يميل المعالجون والمرضى في هذه الاختبارات, إلى تطوير علاقات شخصية وأحيانًا رومانسية غير قانونية وغير أخلاقية. قد يؤدي ذلك إلى إنتاج دراما سينمائية جيدة ولكنه لا يعكس الحدود الصارمة والقوانين التي تحمي المرضى من الأذى. لذلك من المهم, أن نتذكر أن العلاج النفسي المهني لا يعكس الطب النفسي المألوف.

التحليل النفسي والعلاجات النفسية الديناميكية: غالبًا ما يتم تطوير المعالجين الذين يستخدمون هذا النهج ليصبحوا أكثر الصور النمطية شيوعًا لوسائل الإعلام المصورة والوسائط الأخرى, حيث يقوم مرضاهم بمجرد لمسهم وخلفهم وتعجيلهم بإيضاح ما يتبادر إلى الذهن في ذلك الوقت. تشترك مناهج التحليل النفسي والتحليل النفسي الكلاسيكي في فرضية أن أسباب الاضطراب النفسي تكمن في العقل اللاواعي. وفقًا

لسيغموند فرويد الذي طور هذا النهج لأول مرة, فإن السلوكيات غير السيئة التي لا يمكن حلها لا توجد بالضرورة في وعينا الواعي. لأنه إذا تم الاعتراف بذلك, فمن المحتمل أن يتسبب الصراع المؤلم في حدوث ضائقة, يستخدم الناس قدرًا كبيرًا من الطاقة النفسية للتخلص من الجروح. يسعى التحليل النفسي إلى إظهار الصراع على السطح. يُفترض أنه مرة واحدة في مكانه سيحيي طاقات النفس المكبوتة. وهذا بدوره يسمح للمرضى بالتعامل مع بيئتهم وحياتهم بشكل أكثر فعالية.

يقضي نهج التحليل النفسي كثيرًا في تاريخ حياة المرضى بدءًا من الطفولة المبكرة لاكتشاف مصدر غير واعٍ للمشاكل التي يواجهونها. غالبًا ما يستلقي المرضى ويسترخون ويتحدثون عن أحلامهم وعلاقاتهم المبكرة مع الوالدين وموضوعات أخرى. عادة ما يجلس المحللون النفسيون خلف المرضى حتى لا يشتت انتباههم. من المفترض أن يمنح هذا المرضى قدرة أكبر على التحدث عما يخطر ببالهم.

اقر المحللون النفسيون بالصدمة التي واجهتها بعض الجماعات المهاجرة.[194] ولكن ، بالنظر إلى أن نظرية التحليل النفسي غارقة في الفلسفات الثقافية الأوروبية ، فلا يزال هناك مسألة مدى جودة ترجمتها إلى دعم فعال للسكان الآخرين [191]

ومن المثير للاهتمام أن العلاجات الديناميكية النفسية شائعة جدًا في بعض دول أمريكا اللاتينية (مثل الأرجنتين والمكسيك).[195] [196] وبالتالي، قد تجد الأبحاث المستقبلية ذلك وكيف يصبح النهج فعّالًا عبر بعض الثقافات

الدراما النفسية: يشجع هذا البروتوكول المرضى على خلق نوع من اللعب, وممارسة نوع من اللعب, وفي أي من المرضى الآخرين و/ أو الأعضاء الذين يمارسون نشاطهم في تحديد مكان النزاع والتواصل بين الأشخاص. إن استخدام هذا النهج (بدلاً من مجرد الحديث عن الصعوبات

العاطفية) يُفترض أن يسمح للمرضى بالوضوح والإبصار لأسباب تتعلق بضيق الطائر. وبعد الدراما النفسية، يمكن للمعالجين والمرضى مناقشة ما تعلموه. تم تطوير هذا النهج من قبل جاكوب مورينو [197]

المسببون للتأثيرات الحرارية والنهج السلبي. في الوقت نفسه، يتطلب هذا النهج التفاعل مع عدة أشخاص. هذا أقل راحة للمرضى الذين يقلقون بشأن السرية أو لا يشعرون بالاستعداد للمشاركة في عملية جماعية.

فائدة الدراما النفسية مع السكان المهاجرين ليست مفهومة جيدًا. من الجدير بالذكر أن هذه التقنية قد تم بحثها في تركيا وكندا وفنلندا والبرازيل وإيطاليا وإيران. تمت الإشارة إلى بعض التحسينات في الأداء العاطفي في هذه الدراسات [198] [199]

العلاج الذي يركز على المريض أو الذي يركز على الفرد: يؤكد هذا النهج على احتمالية الترويج للمرضى الداخليين، ويؤكد بشكل مركزي على الاستماع إلى تجربة الشخص مع التعاطف وبدون إصدار أحكام. في الأساس، يقبل المعالج ما يمكن أن يقال عن شخص ما بغض النظر عن كيفية التعبير عن المحتوى.تفكيرهم ومشاعرهم الحالية بدلاً من أصول الصعوبات التي يواجهونها [191].

في الوقت الحاضر، يُعرف العلاج المتمحور حول الشخص بأنه أسلوب أساسي للمقابلة التحفيزية (MI). بشكل أساسي، تساعد الأساليب اللفظية (طرق الاستدلال على الاستنتاجات) المرضى على العثور على سبب تغييرهم. ولا عجب، مع المجموعات العرقية المتنوعة، كانت النتائج أفضل عندما يستخدم المعالجون نهجًا فرديًا ومستنيرًا ثقافيًا. باتباع دليل عام مفصل [200] [201]، من العوائق المحتملة أنه في بعض الثقافات (على سبيل المثال، الهند) يستجيب المرضى بشكل أفضل لـ «الأطباء» (الذين يُعتبرون من ذوي المكانة العالية) الذين يخبرونهم بشكل

مباشر بما يحدث. [94] هذه الاستراتيجية ليست جوهر النهج الذي يركز على الشخص.

قد تكون طرق إجراء العلاج المتمحورة حول الشخص مفيدة بشكل خاص للأشخاص الذين يحكم عليهم في كثير من الأحيان من قبل الآخرين أو الذين يحكمون على أنفسهم. يمكن أن يشمل ذلك الأشخاص الذين ارتكبوا العنف المرتبط بالظروف التي ضمنت حياتهم (على سبيل المثال الجنود الأطفال الذين تم إجبارهم والذين أصبحوا الآن بالغين). إن العثور على مكان لا يتم الحكم عليهم فيه يمكن أن يساعدهم في تحديد اتجاههم نحو الأمام في طرق الإنتاج.

علاج السلوك المعرفي (CBT): تم وضعه لأول مرة بواسطة آرون بيك[202] و هو واحد من أكثر مواضيع علم النفس الخاضعة للبحث. وبالتالي، يقوم على فرضية أن لدينا معتقدات وأفكار مشوهة تدفعنا إلى ذلك تصورات سلبية لاتحقق الغرض لهذا يركز العلاج المعرفي السلوكي على الحالة المزاجية والأفكار والسلوكيات.و لا يخبر المعالج المرضى أن تفكيره «خاطئ». بدلا من ذلك، يلجأ الى طرق تفكير بديلة في نفس الظروف بالتعاون بين المعالج والمريض. وهذا يستلزم المزيد من الطرق البناءة لمواجهة الضغوط ويتعلم أيضًا استخدام دفتر يوميات يمكنه تسجيل حياته اليومية بما في ذلك كيف يتجه لمواجهة أحداث مرهقة. و ينشئ العلاج المعرفي السلوكي مذكرة يستخدما كلا المعالج و المريض لفهم نموذج الافكار الهدامة للذات وهي التي ترهق المشاعر والسلوك و بمجرد تحديد هذه الصعوبات، يمكن جعل أنماط التفكير والسلوكيات أكثر فعالية. [203]

يستخدم CBT على نطاق واسع لعلاج العديد من الاضطرابات والظروف عند الأطفال والمراهقين والبالغين. وتشمل الاضطرابات العاطفية (القلق والاكتئاب)، اضطرابات الأكل والرهاب والاضطرابات

الجنسية. بالإجمال، إنه نهج عملي للغاية يستغرق وقتًا أقل من العلاجات الأخرى التقليدية مثل التحليل النفسي.

لا يعتمد العديد من المعالجين بما فيهم نحن (المؤلفون) حصريًا على نهج علاجي واحد. لكن العلاج المعرفي السلوكي هو ما نحن نمارسه بشكل شائع. ووجد انه فعال في العديد من الدراسات بما في ذلك تلك التي تركز عليه[204]، على سبيل المثال ، وجد فايس وزملاؤه أنه كان لهذا العلاج نتائج جيدة في علاج القلق الاجتماعي لدى المرضى الذين هاجروا إلى الولايات المتحدة من أمريكا الوسطى والصين ولغتهم الأساسية ليست الانكليزية[205]

باعتبارذلك ، كما سبق الوصف ، بعض مجموعات المهاجرين الذين يعانون من صدمة ، فمن المهم ايجاد تعديلات على العلاج المعرفي السلوكي CBT لعلاج هذه القضايا. وقد وجد نهجان من هذا القبيل, CBT وهو العلاج المعرفي السلوكي الذي يركز على الصدمات و (TF-CBT) وهوالعلاج المعرفي السلوكي المستنير بالصدمات.

تم تصميم TF-CBT إلى حد كبير للأطفال والمراهقين وكذلك عائلاتهم. و يركز على توجه العواطف بطريقة صحية عن طريق ، جزئيًا ، تطوير نظام آمن و بيئة مألوفة للأطفال والمراهقين يمكنهم التعبير فيها عن مشاكلهم بشكل مريح. و بمجرد وجوده يتم تطبيق العلاج المعرفي السلوكي المنتظم.

يوجد للعلاج المعرفي السلوكي المستنير بالصدمات (TI-CBT) Trauma-Informed بعض أوجه التشابه بالرغم من ذلك يتم استخدامها أيضًا مع البالغين. كما هو الحال مع جميع المعالجين، و الشعور بالأمان مهم حسب خبرتنا

يتضمن TI-CBT مناهج تربوية نفسية كجزء من العلاج الشامل. عندما يتعلم المرضى عن المحفزات العاطفية وحقيقة أن ردود الفعل هذه

تنطوي على وظائف دماغية تلقائية ولكن يمكن علاجها, فيمكنهم فهم أن الاستجابة شائعة وليست دليلًا على أوجه القصور الشخصية. هذا الفهم العملي يمكن أن يقدم علاجًا. هناك استراتيجية تسمى استخلاص المعلومات عن الهم الناتج عن الحوادث الحرجة. هذه هي الصدمة التي حدثت منذ عدة أشهر. لسوء الحظ, العديد من الأطفال يتعرضون لأحداث مؤلمة مروا بها في بلدهم الأصلي منذ شهور أو حتى سنوات. تعتبر تقنيات استخلاص المعلومات أقل قابلية للتطبيق في هذه الظروف, ولكن قد تكون الصدمة النفسية مفيدة (على سبيل المثال في عملية عبور الحدود) والمعالجة الأساسية للصحة المهنية للمهاجرين على الفور.

تم تبني CBT أيضًا لعلاج الأرق. غالبًا ما يُطلب من المرضى الاحتفاظ بمذكرات نوم تحدد المشكلات التي تتداخل مع النوم أثناء الليل. يمكن أن يشمل ذلك تحديد أوقات نوم منتظمة, وعدم استخدام الكحول أو الكافيين, والقضاء على الأضواء الساطعة (بما في ذلك شاشات الكمبيوتر), والقيام بتمارين التنفس وتوتر العضلات للاسترخاء, وتجنب القيلولة أثناء النهار, وتجنب الأفكار الجارية حول كيفية إصلاح المشاكل في حياتك عندما تكون مستيقظًا, والاستراتيجيات الأخرى حسب الظروف الفردية.

العلاج السلوكي الجدلي (DBT): هو علاج نفسي آخر تمت إعادة البحث فيه جيدًا, وقد تم إنشاؤه في البداية لعلاج اضطراب الشخصية الحدية تظهر الأبحاث أنه مفيد أيضًا في علاج اضطرابات الحالة المزاجية , والتفكير الانتحاري , ونوبات إيذاء النفس , و تعاطي المخدرات[206]

و تم طورته Marsha M. Linehan [207] كعلاج معدل من CBT cognitive behavioral therapy حيث يركز العلاج السلوكي المعرفي DBT على تنظيم المشاعر (مثل تعلم تحديد المحفزات) وتطوير طرق أكثر إنتاجية لتطوير تحمل الهموم. بينما يعمل DBT على بناء تحالف تعاوني

بين المريض والمعالج وخلق طرق جديدة للتعامل بفعالية مع أحداث الحياة الصعبة وحلها. إنه يستخدم التقاليد النفسية الغربية ولكنه يدمج أيضًا التأمل.

إزالة حساسية حركة العين وإعادة معالجتها (EMDR) هو نهج يستخدم هذا التحفيز كجزء رئيسي من اليتها. وضع في الأصل من قبل فرنسين شابيرو Francine Shapiro [208] [209] تصف إرشادات ممارسة منظمة الصحة العالمية لعام 2013 ذلك و تعرض البحث على نحو بديل من خلال تحفيز الجانب الأيمن والأيسر من الدماغ, وتأثير التهدئة. الناس يجب أن يشعروا بالارتياح, ويمكنهم أن يدفعوا الانتباه, ويقللوا من القلق. غالبًا ما يتم ذلك عن طريق جعل الناس ينظرون إلى شيء مثل قلم الرصاص يتحرك أمام أعينهم, عن طريق النقر على اليد اليسرى واليمنى للأشخاص, عن طريق السماح لهم بسماع الأصوات ذهابًا وإيابًا بين اليسار واليمين, ومن خلال الحرارة.

إزالة حساسية حركة العين وإعادة معالجتها (EMDR) هي طريقة تستخدم هذا التحفيز كجزء رئيسي من نظامها.[210]

بشكل عام, العلاج المركب من الـ EMDR يوجه المرضى خلال ثماني مراحل أساسية. هذه تعالج المعتقدات السلبية التي لديهم عن أنفسهم وكذلك العواطف والأحاسيس التي تميل إلى الاتصال بها مع الصدمات. يقوم المعالج بعد ذلك بإشراك المريض بنوع من التحفيز المزدوج، كما هو موصوف سابقًا, يمكن أن يأخذ هذا شكل حركات العين جنبًا إلى جنب, أو التنصت باليد, أو نغمات الاستماع, ويختلف نوع وطول العلاج من مريض لآخر.

اليقظة: من الممارسات الشائعة الأخرى اليقظة. هذا هو أساسًا نشاطًا وانفتاح على الحاضر. توصف هذه الحالة بأنها مراقبة أفكار الفرد ومشاعره دون الحكم عليها بأنها جيدة أو سيئة. تم تعريف اليقظة

على أنها «القابلية الأساسية للإنسانية حاضرة بشكل واضح, على دراية بمكان الارتداء وما الذي نتخلى عنه, وليس رد فعل بشكل مفرط أو زائد - كما يحدث في جميع أنحاء العالم (lookindful.org).[211]

واليقظة ليست طريقة «لا تفكر في أي شيء». ونشك في أن تحقيق ذلك صعب إن لم يكن مستحيلًا, على الأقل بالنسبة لمعظم البشر. بدلاً من ذلك, فإنه ينطوي على قضاء الوقت في التفكير في الوقت الحالي بدلاً من التفكير في الماضي أو القلق بشأن المستقبل. كما أنه لا يحكم على قيمة ما يختبره الناس. إنها حالة نلاحظ فيها ببساطة أفكارنا وأحاسيسنا وعواطفنا.

تم تطوير اليقظة من التأمل الشرقي, وتم تكييفها مع الثقافة الغربية بواسطة جون كابات زين في أواخر السبعينيات تحت عنوان الحد من الهم القائم على اليقظة (MBSR) لعلاج الألم المزمن.[212]

الهدف من اليقظة الذهنية هو تطوير حالة ذهنية يمكن أن تجلب قدرًا أكبر من السلام النفسي والتفكير العقلاني. إنه يساعد بشكل أساسي في السيطرة على كل الفوضى التي عادة ما تجعل تفكيرنا تحت سيطرة أفضل.

تتمثل إحدى مزايا اليقظة الذهنية في إمكانية دمجها في مناهج العلاج الأخرى التي تناولناها أعلاه. وهي تشمل العلاج السلوكي المعرفي والعلاج السلوكي الجدلي.

علم النفس الإيجابي: يركز هذا النهج على نقاط القوة والأفعال الشخصية في السماح للناس باكتساب المعنى والرضا والغرض من الحياة. يبذل علم النفس الإيجابي جهودًا لمساعدة الناس في العثور على الاستقرار وعلى المدى الطويل لإحساسهم بشكل أفضل على عكس التجربة فقط لفترة قصيرة

التركيز على تحديد القوة الشخصية واستخدامها وتنميتها, ويختلف هذا النهج عن النهج الآخر في علم النفس الذي يهتم أكثر بنقاط الضعف والمشاكل. تساعد هذه الممارسة الناس على تطوير المواقف الإيجابية التي تسمح لهم بأهليتهم, وهذا يشمل المواقف التي يطورونها تجاه الآخرين. إذا كان لديهم موقف يُظهر الإيمان وحسن النية والتفاهم تجاه الآخرين, فمن المفترض أن يستجيب هؤلاء الآخرون لهم بطريقة غير متكافئة.

مناهج يمكن اضافتها إلى الأنواع المختلفة من العلاج النفسي

هناك عدة طرق لمساعدة الناس ليست أنظمة علاجية شاملة, بل يمكن استخدامها مع العلاجات الأخرى.

البيوفيدباك هو التفييم البيولوجي Biofeedback هو علاج يتم فيه توصيل المرضى بأجهزة مراقبة توفر معلومات حول عملياتهم البيولوجية مثل معدل ضربات القلب وكمية الماء على سطح الجلد وضغط الدم. يقيس هذا موجات الدماغ, وهي أنشطة بيولوجية لا يدركها المريض عادة. يتعلم المرضى الذين يستخدمون الارتجاع البيولوجي مراقبة هذه الأنشطة والتأثير عليها في النهاية.

غالبًا ما يستخدم علماء النفس والأطباء التفييم البيولوجي للمساعدة في التحكم في الهموم والألم والصداع والربو وارتفاع الدم.[191] وقد تم استخدام التفييم العصبي كعلاج للإدمان والقلق والاكتئاب واضطرابات أخرى.

العلاج الكتابي ببليوثربي Bibliotherapy: يُشار إليه أحيانًا باسم «العلاج النصي الكتابي» أو «العلاج النصي الشعري» أو «سرد القصص العلاجية» ويتضمن:

قراءة نصوص محددة كجزء من عملية حل المشكلات. قد تكون

الأفلام على الإنترنت أو البودكاست بدائل لقراءة كتاب.

في بعض الأحيان يتم الجمع بين العلاج بالقراءة مع حفظ الوقت الذي يمكن للناس من خلاله تلخيص ما قرأوه. يمكنهم التعبير وكذلك توضيح أفكارهم ومشاعرهم حول مواضيع محددة.[213 214]

في العلاج, يتم اختيار الكتاب للمحتوى ذي الصلة بأوامر المريض واحتياجاته. تفكر العملية الشاملة في المشاركة في ثلاث مراحل أساسية: 1) تحدد العناوين ذات طابع معين في الكتاب, 2) ينتج عن هذا تحرير المشاعر السابقة التي تم الاحتفاظ بها, و3) يمكن أن يؤدي ذلك إلى استنتاج حلول البصيرة التي تم وصفها في الكتاب. تشمل الكتب الكلاسيكية التي تم استخدامها في العلاج الكتابي القراءة للشفاء من تأليف جاكلين دي ستانلي, وعلاج الرواية بقلم إيلا بيرثود وسوزان إلدركين, وقراءة لحياتك لجوزيف غولد.

من الواضح أن العلاج بالقراءة لن ينجح مع الأشخاص الذين لا يستطيعون القراءة. يمكن أن تساعد وسائل الإعلام العامة مثل المدونات الصوتية ومقاطع الفيديو على الكمبيوتر في مثل هذه الظروف. (نحن في بعض الأحيان مندهشون من الأشخاص غير المتعلمين الذين يمكنهم تشغيل هاتف ذكي يتمتعون بخبرة غير عادية.) ولكن العديد من الثقافات لديها تراث شفوية وقصص يتم سردها عدة مرات. في الماضي - كان رواية القصص غالبًا ما تستخدم للترفيه. لكن القصص التي يُرجح تناقلها عبر الأجيال هي تلك القصص التي تحتوي أيضًا على دروس حول الحياة. هذا ليس علاجًا بالكتب ولكنه له سمات مشتركة مع هذه الطريقة.

العلاج الكهربائي التشنجي (ECT). يبدو العلاج بالصدمات الكهربائية مخيفًا. العنوان الأصلي, «العلاج بالصدمة», يبدو أسوأ من ذلك. إنه يجلب رؤى من أنسجة ومعاملة تشبه التعذيب.

لا يزال العلاج بالصدمات الكهربائية اليوم يتضمن تمرير تيار كهربائي من خلال رأس المريض. على الرغم من عنوانه الغريب، إلا أن بعض المرضى قد وصفوه «منقذ السلام». وهم يختبرونها كمكافئ للدماغ لإعادة تشغيل الكمبيوتر حيث تختفي أعراض الاكتئاب إلى حد كبير، على الأقل لفترة من الوقت. ومع ذلك، هناك العديد من العيوب. أولاً، التخدير العام يحمل دائمًا مخاطر، بالإضافة إلى ذلك، يبلغ بعض الأشخاص عن فقدان مؤقت للذاكرة على المدى القصير، ولا يعتبر العلاج عمومًا حلاً دائمًا لأن جلسات المتابعة مطلوبة غالبًا.

على الرغم من فوائده المحتملة للمرضى الذين يعانون من الاكتئاب الشديد، لدينا بعض الأسئلة حول ملاءمة العلاج بالصدمات الكهربائية مع مجموعات المهاجرين، وخاصة الناجين من الصدمات. على سبيل المثال، البيكانا (في الأساس نوع من الماشية) هي أداة من المعروف أن بعض الجلادين يستخدمونها. إنه يسلم صدمة كهربائية ذات جهد عالي ولكن تيار منخفض للضحية. ومن ثم فإن احتمال الخضوع للعلاج بالصدمة من المرجح أن يثير مخاوف كبيرة لدى المهاجرين وغيرهم ممن تعرضوا للعنف.

هناك علاج حديث تم وصفه كبديل للعلاج بالصدمات الكهربائية وهو التحفيز المغناطيسي عبر الجمجمة (TMS). تم ترخيصه في الولايات المتحدة من قبل إدارة الغذاء والدواء (FDA) في أكتوبر 2008. تستخدم الطريقة بشكل أساسي التحفيز المغناطيسي لمناطق معينة في الدماغ. يُعتقد أن هذا يسبب شحنة كهربائية تشبه نفس وظيفة العلاج بالصدمات الكهربائية. لا يتطلب TMS الكلي تخديرًا عامًا، وهو أسهل في القيام به، ويسبب ضغطًا أقل على الجسم. وجدت بعض الأبحاث مفيدة عن السعادة.والكآبة[215]

المؤثرات النفسية: هناك أنواع عديدة من الأدوية التي تساعد في

معالجة المشاكل الذهنية والعاطفية. تشمل مضادات الاكتئاب ومهدئات الحالة المزاجية والأدوية المضادة للقلق ومضادات الذهان.

تسعى غالبية هذه الأدوية إلى تنظيم النواقل العصبية. هناك العديد من النواقل العصبية المختلفة في جسم الإنسان، والرسالة الكيميائية الأساسية التي ترسل إشارات من خلية عصبية (خلية في الجهاز العصبي) إلى أخرى. على سبيل المثال، يؤثر «السيروتونين» على الحالة المزاجية، ويزيد النوربينفرين من ضغط الدم، ويمكن أن يؤدي الإندورفين إلى النشوة.

هناك زوجان من الأشياء تذكران في الأدوية المؤثرة على الذهان. أولاً، تحتاج مادة الدواء ان تبقى في الجسم لفترة ويجب على المرضى تناولها على أساس منتظم لفترة من الوقت قبل أن يعرف فعاليتها. ثانيًا، هناك العديد من الأدوية في كل فئة أساسية. العديد من مضادات الاكتئاب المختلفة، على سبيل المثال، قيد الاستخدام. نظرًا للاختلافات في علم وظائف الأعضاء، ما هو الدواء المحدد الذي يعمل بشكل أفضل مع مريض واحد قد لا يعمل بشكل جيد بعد ذلك، على الرغم من أن كلاهما لهما نفس الأعراض الخارجية. هذا يعني أن الدواء الأول الذي يجربه الطبيب قد يتطلب بعض التخمينات. إذا لم يكن الدواء الأولي فعالًا أو كان له آثار جانبية صعبة، فإنه يحفز المحاولة. لكن هذا ليس بالضرورة كذلك. التحول إلى شخص آخر يعني فقط أن الطبيب الجديد يجب أن يبدأ من بداية العملية.

من المهم أن الأطباء يصفون أدوية نفسية أكثر من الأطباء النفسيين. وهم غير متخصصين في الصحة النفسية[216] و من الأفضل غالبًا الحصول على إحالة إلى طبيب نفسي منهم.

في الوقت الذي يجب أن تبدأ وتوقف الأدوية المؤثرة على الذهان من الأفضل أن تحت اشراف الطبيب، فإن معظمها لا يتشكل عادة. استثناء

واحد هو مجموعة من الأدوية تسمى benzodiaze-pines التي تستخدم لعلاج القلق. تشمل الأمثلة Xanax و Klonopin و Ativanو Valium. شيء آخر يجب مراعاته هو أنه ليست كل الأدوية المعتمدة للاستخدام في بلد ما متاحة تلقائيًا في كل مكان. عندما ينتقل المهاجرون, قد لا تكون الأدوية التي اعتادوا عليها متاحة في اماكنهم الجديدة, بما في ذلك الأدوية التي تُباع دون وصفة طبية.

غالبًا ما يتم استخدام مزيج من الأدوية النفسية والعلاج النفسي مع المرضى الذين يعانون من مشاكل عاطفية. يمكن للأدوية أن تحسن الأعراض بسرعة أكبر. لكن العلاج النفسي أفضل في مساعدة المرضى على اكتساب القدرة الشخصية على الحفاظ على التحسينات على المدى الطويل. وعموماً, فإن الجمع بين العلاج النفسي, والأدوية, وزيادة الدعم الاجتماعي, قد وصِفَ وصفًا للذهان ومعيارًا وعلاجًا للاضطرابات العاطفية.

تعتبر مضادات الذهان من بين الأدوية النفسية المختلفة مهمة بشكل خاص. كما نوقش في القسم السابق, فإن الذهان مثل الفصام له أساس بيولوجي قوي. لذلك من غير المحتمل أن يكون العلاج بالكلام وحده فعالاً. والخبر السار هو أنه عندما تعمل الأدوية كما وصفت فإن التحسين في حياة الناس يمكن أن يكون جوهريًا.الكآبة

المؤثرات النفسية: هناك أنواع عديدة من الأدوية التي تساعد في معالجة المشاكل الذهنية والعاطفية.تشمل مضادات الاكتئاب ومثبتات الحالة المزاجية والأدوية المضادة للقلق ومضادات الذهان.[217]

تسعى غالبية هذه الأدوية إلى تنظيم النواقل العصبية. هناك العديد من النواقل العصبية المختلفة في جسم الإنسان, والرسالة الكيميائية الأساسية التي ترسل إشارات من خلية عصبية (خلية في الجهاز العصبي) إلى أخرى. على سبيل المثال, يؤثر السيروتونين على الحالة المزاجية, ويزيد

عقار النوربينفرين من ضغط الدم, ويمكن أن يؤدي الإندورفين إلى النشوة.

مثال حالة معالجة من واكيم ريمان
Joachim Reimann:

عملت عدة سنوات مع مرضى لديهم تاريخ من الذهان. وكان أحدهم يحاول ويستصعب هذه الأدوية غير المرغوب فيها, وتفكيره في الأمر لم يكن صحيحًا بأنه ليس محتاجا لها ولم يرغب في أن يعتمد عليها. لكن أخيرًا, بدأ في تناول مضادات الذهان. وصف المريض التغييرات التي مر بها بعد ذلك بأنها "وضعت النظارات لأول مرة منذ عامين". تمكن أخيرًا من رؤية العالم كما هو. في هذه العملية, وغيرت علاقاته الاجتماعية بسبب الذهان. لكنه شعر أيضًا بالثقة في أنه يمكنه الآن المضي قدمًا وترتيب حياته.

أدوية الإدمان

أن تعاطي المخدرات هو موضوع آخر ذو أهمية كبيرة. غالبًا ما يحدث مع اضطراب عقلي. يوصف هذا بشكل شائع باسم «التشخيص المزدوج» أو «الاضطرابات المتزامنة الحدوث».[218] وهناك سؤال متكرر هو: هل تسبب تعاطي المخدرات في حدوث الاضطراب النفسي أم أن الاضطراب النفسي أدى إلى تعاطي المخدرات؟ (الخيار الثاني مرئي بشكل متزايد أو قابل للنمو).

يمكن أن تستلزم علاجات تعاطي المخدرات العديد من الخدمات المهنية وأنظمة دعم الأقران. كما يوحي الاسم, فإن الهدف النهائي للإمتناع هو الإقلاع عن تعاطي المخدرات تمامًا. لا يتطلب الحد من الضرر بالضرورة الامتناع التام عن ممارسة الجنس ولكنه يسعى للحد من

الضرر الذي يلحقه مستخدمو المواد بأنفسهم, ومن حولهم (مثل أفراد الأسرة والأصدقاء) والمجتمع الأكبر (مثل تقليل عدد حوادث القيادة غير المؤهلة).

من الناحية المهنية, يُقدم مناظرنا إلى المرضى عندما يركز العلاج على الآخرين من على تعاطي المخدراتحصريًا. موضوع كيفية القيام بذلك يتطلب كتابًا خاصًا به. لكن البحث حدد عددًا من التدخلات المفيدة التي تم تلخيصها أدناه. وتشمل هذه العلاج المعرفي السلوكي. تعلم المهارات السلوكية التي تقلل من القلق والاكتئاب كما هو الحال مع الإيجابي لدعم النظام يمكن أن يعزز الاعتماد على المواد.

كان العلاج المعرفي السلوكي مع مشاركة الأسرة فعالاً بشكل خاص مع الأطفال والمراهقين ويمكن لمجموعات CBT[219] تعزيز المهارات الاجتماعية والتحكم العاطفي المناسب للعمر. يمكن عمل بعض هذه المجموعات في المدرسة.بالإضافة إلى ذلك, فإن

Narcotics (NA) Anonymous و Alcoholics Anonymous - (AA)

هي أنظمة استرداد معروفة على نطاق واسع. باختصار, تستلزم هذه البرامج اجتماعات يشارك فيها المشاركون خبراتهم ويعترفون بمشاكلهم مع الاعتماد البديل والحياة العامة. بجوهرها تتضمن هذه الأطروحات اثنتي عشرة خطوة يسلط فيها المشاركون أنفسهم بقوة أكبر مما يجعلها جردًا لمشكلاتهم, يقرون بمثل هذه المشكلات أمام الآخرين في المجموعة, ويفهمون أن هذه المشاكل تؤذي الآخرين في المجموعة, ويفهمون أن هذه المشاكل تؤذي الآخرين في المجموعة. يعدل ما أمكن, ويكرر العملية حسب الضرورة الخطوة هي مساعدة الآخرين الذين يعانون من نفس المشكلة.

كما هو مذكور أعلاه, ركز النظام المكون من 12 خطوة تقليديًا على قبول «قوة أعلى». بالنسبة للأشخاص الذين لا يرتاحون للتعامل مع ما قد يكون مناسبًا لهم في التعامل مع الدين, يمكن أن تكون البرامج الأخرى

مثل الاسترداد العقلاني (RR) خيارًا، وبدلاً من استبدال الذات فوق القوة الأكبر، يسعى RR إلى تعزيز إيمان الناس بقدرتهم على تغيير أفعالهم.

يمكن أن تعزز معظم هذه الأنظمة التوجيه والترابط الاجتماعي والمهارات التي تسمح للمشاركين بالشعور بالدعم في جهودهم من أجل منع تعاطي المخدرات/ تعاطي الكحول عن طريق الفم.

يصف مجلس إدارة مدمني الكحول AA نفسه بأنه عالم للمجهولين (AAWS) و ينتج بأكثر من 90 لغة مختلفة. يمكن العثور على قائمة بالدول التي تعمل فيها على https://www.aa.org/pages/en_US/find-aa-resources/world/1

بالإضافة إلى ذلك، تم استخدام بعض الأدوية في حالات تعاطي المخدرات[220]، والتي تشمل تحويل الأشخاص المدمنين من العقار الذي يختارونه إلى عقار يُفترض أنه أكثر اعتدالًا، والحد من أعراض الانسحاب، وتصميم نهائي تدريجيًا لتحرير الأشخاص من إدمانهم على المخدرات تمامًا.

اتخذت الدول الأوروبية، بما في ذلك المملكة المتحدة وهولندا وسويسرا، نهجًا يُنظر فيه إلى تعاطي المخدرات بشكل متزايد على أنه مرض اجتماعي وليس جريمة. ويمكن أن يشمل ذلك حتى وصف الهيروين الطبي لمستخدمي المواد الأفيونية الذين يعانون من صعوبات خاصة[221]

من النظرة الأولى، قد يبدو النهج الأوروبي حلًا سيئًا يديم المشكلات بدلاً من حلها. لكن الطريقة تبدو ناجحة، فقد كان هناك، على سبيل المثال، حالات وفاة مرتبطة بالمخدرات أكثر بعشر مرات مما كانت عليه في سويسرا في عام 2018. (يأخذ هذا الحساب الاختلافات في حجم سكان البلاد في الاعتبار). المدمنون[222]

كما هو مذكور في بداية هذا القسم، فإن نهجنا العام هو فهم

المرضى من خلال النظر إلى ظروفهم ومعالجتها بطريقة شاملة. كما قلنا في هذا الكتاب, فإن المهاجرين واللاجئين الذين لديهم خبرة في كثير من الأحيان واستمروا في تجربةالهم. بالنسبة للبعض, فإن تعاطي المخدرات هو محاولة للتغلب على مشاكلهم.في بيئة آمنة يمكن فيها إيجاد الحلول البناءة وتطبيقها. [115] هذا يمكن، مع ذلك، أن يسبب مزيد من الخوف والاستحياء خاصة إذا كانت في ثقافتهم أو دينهم محرمات قوية ضد تعاطي المخدرات. بالتالي،من المهم ألا يحكم مقدمو الخدمة على السلوكيات على أنها»خطأ« (شيء يعرفه المريض بالفعل) ولكنها توفر بيئة آمنة يمكن إيجاد الحلول فيها البناءة وتطبيقها. وأن يشمل ذلك كيف ينظر هؤلاء الأشخاص إلى الصحة والمرض, وما إذا كانت لديهم معتقدات حول طرق العلاج التقليدية

علم النفس والثقافة (العٌرف)

تركز بعض مجالات علم النفس على الأبحاث التي تسعى إلى فهم الطبيعة البشرية والمشكلات أكثر من التركيز على تطوير علاجات محددة. هذه يمكن أن تضيف إلى معرفتنا الأساسية حول كيفية تقديم أفضل الخدمات. المجالان اللذان يمكنهما بشكل خاص إبلاغ العمل مع السكان المهاجرين هما علم النفس وعلم النفس الثقافي.

تظهر الدراسات النفسية الثقافية الظروف والأنواع التي تشكل الأداء النفسي للناس.[223] يُنظر إلى هذا على أنه عملية ثنائية الاتجاه. الثقافة (العٌرف) تشكل الناس والناس يشكلون الثقافة (العٌرف)[224]. نظرًا للتغييرات في الثقافة التي غالبًا ما يمارسها المهاجرون في السفر, فهذه منطقة مهمة للبحث.

مجال آخر من مجالات بحث علم النفس عبر الثقافات: المجالان مختلفان في أن علم النفس الثقافي يستكشف ثقافة دون ضرورة المقارنة

مع الآخرين.[225]

يساهم كل من ساحتي البحث في معلومات حول الطريقة التي يمكن للمعالجين من خلالها فهم الأشخاص من الثقافات الأخرى والتواصل معهم. ويمكن أن يشمل ذلك كيف ينظر هؤلاء الأشخاص إلى الصحة والمرض, وما إذا كانت لديهم معتقدات حول طرق العلاج التقليدية[226]

الطب الهاتفي والتطبيب عن بعد (طب الإنترنت)

في كتابنا مفاهيم المهاجر: مسارات الحياة للاندماج, نستخدم فصلًا حول تأثير جائحة COVID-19 على العالم بشكل عام ومجتمعات المهاجرين على وجه الخصوص.و نناقش أيضًا كيف يجب أن تتكيف ممارستنا السريرية حتى نتمكن من الاستمرار في رعاية المرضى تحت الظروف الوبائية مع مراعاة إرشادات الصحة العامة.

من المفهوم أن التركيز العلمي ينصب على تطوير اللقاحات الوقائية والعلاجات الطبية الفعالة, لكن الوباء تسبب أيضًا في زيادة الاكتئاب العاطفي. وجد الباحثون الذين يستخدمون البيانات على مستوى الولايات المتحدة, على سبيل المثال, أنه بحلول أبريل ومايو 2020, من المرجح أن من يزيد عدد المبلغين عن القلق أو الاكتئاب أو كليهما ثلاث اضعاف مما كان عليه خلال النصف الأول من عام 2019[227]. بالإضافة إلى ما كان متوقعًا قبل جائحة COVID-19. بالإضافة إلى ذلك, زاد التفكير الانتحاري بين الناجين من الصدمات بشكل كبير, كما وجدت دراسة مؤسسة Rand زيادة لعام 2020[228] بنسبة 54 ٪ في مبيعات الكحول الوطنية الأمريكية, مقارنة بأرقام ما قبل COVID.

نظرًا لقيود COVID-19, فقد اعتمدنا على خدمات الرعاية الصحية عن بُعد أثناء الوباء. أثناء الانتقال إلى التطبيب عن بعد عبر

الإنترنت، اعتاد بعض المرضى على استخدام العلاج عن بعد، وجدنا أن غالبية مرضانا كانوا قادرين على التعامل مع التغييرات دون صعوبات. في نفس الوقت، كان من الواضح أن التكنولوجيا قد استخدمت مزايا جلبت، حتى أبعد من تعزيز السلامة من الفيروس. لقد سمح بمزيد من المرونة في الجدولة (لم يعد المرضى بحاجة إلى قضاء يوم للوصول لموعدهم في العيادة). تتضاءل الحاجة إلى رعاية الأطفال حتى يتمكن الآباء من حضور العلاج بشكل جيد. بالإضافة إلى ذلك، يمكن للمرضى الذين سافروا إلى خارج المدينة في العمل أو لأسباب شخصية الاحتفاظ بمواعيدهم المنتظمة. للأسباب التالية، يجب أن يكون هناك زيادة في الإعلانات - نصائح لمنصات العلاج عبر الإنترنت. أحيانًا يُشار إلى «العلاج الإلكتروني» أو «العلاج عبر الإنترنت»، لا يتم تصميم العلاج عبر الإنترنت للأشخاص الذين يعانون من حالات طارئة للصحة النفسية تتطلب رعاية طبية عاجلة.أو العلاج للأسباب الأخرى.

يقدم العلاج عبر الإنترنت ثلاث طرق أساسية للحصول على العلاج: الدردشة في الوقت الفعلي، والدردشة المرئية، والدردشة الهاتفية. لقد وجدنا أن التوصيلات المرئية مفيدة للغاية في إتاحة الفرصة للمعالج والمرضى لأي شخص آخر. إذا لزم الأمر، فقد استخدمنا المكالمات الهاتفية كخيار آخر.

على الرغم من بعض المزايا، إلا أن التطبيب عن بعد له عيوب أيضًا، حيث يتطلب الأمر من المريض أن يستخدم الكمبيوتر أو التكنولوجيا للوصول إلى هذه الخدمة. بالإضافة إلى ذلك، لا يتم تأمين جميع عناوين البريد الإلكتروني، بما في ذلك حسابات البريد الإلكتروني والتأكيد على السرية، فبينما تسمح رسائل البريد الإلكتروني والنصوص للمرضى بكتابة الأسئلة الخاصة بهم، فإن العديد من عناوين البريد الإلكتروني ليست آمنة تلقائيًا. بدلاً من استخدام تطبيقات الدردشة المرئية المعروفة على الإنترنت، فإننا نعتمد على تلك التطبيقات المصممة خصيصًا للمعالجين

مقدمي الرعاية الصحية ومسؤولي السرية على النحو المطلوب

و نظرًا للخبرة التي اكتسبناها خلال الوباء, نعتقد أن المحادثات المرئية ستستمر في جزء منها يمكن تحمُّلها لممارستنا الشاملة, فهي لن تعمل للجميع, ولكنها ستسمح بمرونة الأزواج ولم يحدث ذلك سابقًا. في السنوات التي انقضت منذ أن تسبب الوباء لأول مرة في عمليات الإغلاق, لم يبطئ هذا الشكل من الحد الأقصى من الغرابة الثقافية.تتوافق تجربتنا مع الدراسات التي تناولت موضوع التطعيم [229]

تعليقات إضافية حول العلاج

بالنظر إلى الاتجاهات الدولية, يبدو أن بعض العلاجات النفسية المنطقية قد وجدت شعبية في بلدان مختلفة. قدم كوتش وزملاؤه على سبيل المثال لمحة عامة عن العلاجات الأكثر شعبية في أنحاء العالم [230]. يفضل العلاج النفسي الديناميكي في الأرجنتين [195] وكذلك المكسيك. [196] في المقابل, يستخدم العلاج المعرفي السلوكي في كثير من الأحيان في إسبانيا [231], أستراليا, [232] وتركيا [233]

بينما يعمل معظم المعالجين إلى حد كبير باستخدام نهج نفسي أو آخر, هناك أوقات ندمج فيها مجموعة متنوعة من العناصر بناءً على ما يحتاجه المرضى. يتضمن هذا غالبًا التغذية والنشاط البدني لتحسين الصحة العامة بالإضافة إلى إيجاد واستخدام مجموعة متنوعة من المنافذ الاجتماعية. هنا مثال:

مثال حالة معالجة من واكيم ريمان
Joachim Reimann:

عملت عدة سنوات مع مرضى مصابين باضطراب ما بعد الصدمة الحاد والمعقد. لقد عانت احداهن العديد من الأحداث الصادمة في بلدها

كانت منسحبة للغاية، ، لم تكن مدركة تمامًا لما يحيطو ما قالت تقريبًا اي شيء عن ما بها وأظهرت القليل من المشاعر. كانت هذه المريضة أيضًا تعاني من مشاكل بدنيةحدت من حركتها. نظرًا لأنها لم تكن تتحدث الإنكليزية وواجهت صعوبات شديدة في الانتباه ،بحيث لم نتمكن من استخدام العديد من جوانب العلاج الشائعة.

لحسن الحظ، كانت لها أقارب يساعدونهاو تمشي في أي مكان فيه مقاعد حتى ولو لمسافات قصيرة، وهناك في المكان الذي يمكن أن تستقر فيه، حديقة بها بحيرة صغيرة مليئة بالبط. بدأت ابنتها في أخذها للمشي هناك. بما أن المشي يتضمن إيقاعًا ذهابًا وإيابًا، فقد جادل بعض المعالجين في أنه يحتوي على عنصر مزدوج يشبه التحفيز[234].

بمرور الوقت، بدأت المريضة في إدراك محيطها أكثر فأكثر، حتى أنها كانت تبتسم في مناسبات قليلة. في حين أن علاجنا لم يقتصر على المشي فقط، أعتقد أنها استفادت. حيث كانتتحظى باهتمام ابنتها.و لم تبقى في المنزل طوال الوقت.و حصلت على مزيد من التمارين البدنية، وعلى وجه الخصوص، يبدو أنها تستمتع برؤية البط.

تجدر الإشارة إلى أن هذه القصة ليست مثالاً على كيفية استخدام EMDR رسميًا. إنه يفتقد إلى العديد من العناصر والاستراتيجيات الشاملة التي تشكل جزءًا من EMDR. كما تم وصفه سابقًا, لا يمكنني تضمين التمارين المعرفية التي تمثل جزءًا قياسيًا من هذه الطريقة. قد يرد خبراء الـ EMDR بأنه في حين أن السير باهتمام إيجابي من الأقارب أمر صحي, إلا أنه ليس تمثيلًا حقيقيًا لما يفعلونه. ومع ذلك, فقد قمنا بتضمين عنصر واحد وهو أن هناك بعض التداخل مع «تنشيط مزدوج» اتضح أن ذلك كان مفيدًا - وفي النهاية, شهدنا نتيجة جيدة.

كلمات عن المستشفيات النفسية:

الاستشفاء النفسي هو حقًا الملاذ الأخير للعلاج. الواجب عندما يعاني المرضى من العجز بحيث لا يستطيعون الاعتناء بأنفسهم في المجتمع الأوسع و/ أو يشكلون خطرًا على أنفسهم أو على الآخرين. بعض حالات ضرورة دخول المستشفى في الولايات المتحدة «قسرياُ» لأن خطر الوفاة كبير دون هذا العلاج في نهاية المطاف. وبالتالي, يتدخل تطبيق القانون ومقدمو خدمات الصحةالنفسية وأحيانًا المحاكم وتطلب دخول الشخص إلى المستشفى. يتم أخذ هذه الخطوة مؤقتًا في أخذ بعض الأشخاص بشكل فردي من جميع الحريات.

بينما يبذل معظم موظفي المستشفى قصارى جهدهم لمساعدة المرضى الذين يخضعون لرعايتهم, قد تكون بيئة المستشفى صعبة. من الصعب إجراء العلاج بشكل جيد عندما يكون الكثير من الأشخاص ذوي الإعاقة الشديدة في مكان واحد. يمكن القول إن أعظم ميزة «علاجية» في المستشفى, والتي تم تصميمها للحفاظ على صحة الناس من خلال إيذائهم لأنفسهم أو للآخرين.

لفتت السنوات الاخيرة الانتباه الى الاهتمام بـ «استقرار الأزمة» كبديل للاستشفاء الكامل. تعمل مراكز استقرار الأزمات من خلال توفير خدمات الصحة النفسية على المدى القصير (عادة أقل من 24 ساعة) ولكن بشكل مستمر ومكثف للأشخاص المعرضين لخطر إيذاء أنفسهم. عادة ما يتم تقديم هذه الخدمات من قبل فريق من الأطباء النفسيين وممرضات نفسيين ومتخصصين في الصحة العلاجية[235].

لقد أثبتت هذه الخدمات أنها فعالة عندما يكون المرضى في المستشفى لخفض مستويات الأزمة. الهدف من ذلك هو مساعدة الناس على التعامل مع حالة تهدئة فورية حيث يمكنهم بعد ذلك الانتقال بأمان إلى خدمات العيادات الخارجية في المجتمع.[236]

من تجربتي (واكيم ريمان JoachimReimann) كمسؤول في «إدارة استقرار الأزمة» في سان دييغو, كاليفورنيا، تم تحويل حوالي 75 ٪ من المرضى الذين رأيناهم بأمان من العلاج النفسي الكامل في المستشفى. وقد أدرجت إدارة إساءة استخدام المواد المخدرة والصحة النفسية في الولايات المتحدة (SAMHSA) اللجوء الى «مكتب استقرار الأزمة» في إرشاداتها الوطنية لأزمات الصحة السلوكية[237]

بعض الملاحظات حول الأطفال:

من خلال التعريف يميل الأطفال إلى امتلاك معرفة اجتماعية أقل من نظرائهم البالغين. في الواقع، بعض الملاحظات البحثية تشير أن الفص الجبهي للدماغ، و لا ينضج فيه مركز التحكم للتعامل مع الظروف الاجتماعية حتى سن 25.[238] ولكن يدرك الأطفال بالمستوى الغريزي، أن رفاهيتهم تعتمد على البالغين من حولهم. فإذا لم يقم الكبار بذلك بشكل جيد، يشعر الأطفال انهيارًا وتهديدًا لأمنهم وغالبًا ما يستجيبون بالخوف

والغضب. عند مناقشة معايير تشخيص اضطراب ما بعد الصدمة، فإن الدليل التشخيصي والإحصائي للاضطرابات النفسية (DSM-5) يشير إلى احتمال أن يتأثر الأطفال عندما يواجهون صدمة. عندما يتعلم الأطفال بعد ذلك أن آبائهم ومجتمعهم لا يقبل الغضب، فقد تتطور لديهم استراتيجية عدوانية سلبية للتعامل مع العالم.

باختصار، الأطفال ليسوا مجرد صغار بالغين و لديهم طرق مختلفة في التفكير والتفاعل. وبالتالي فإن العلاجات التي تعتمد على المناقشات المنطقية تجعلها غير مؤثرة. بدلاً من ذلك، يمكن أن تكون الأساليب التي تستخدم أشكالًا مختلفة من اللعب أكثر فائدة.و هذا مثال:

مثال حالة معالجة من واكيم ريمان
Joachim Reimann:

أثناء العمل كطبيب نفساني في مرافق احتجاز الأحداث، عالجت فتاة أمريكية مكسيكية تبلغ من العمر 13 عامًا. اشتهرت بخرق القواعد والوقوع في المشاكل. عندما قوبلت بالعواقب، أصبحت غاضبة، وناقمة على الناس وأصبحت معادية، لذلك وصفها موظف المراقبة في اصلاحية الاحداث بأنها "معادية للمجتمع".

بدلا من الحديث الطويل مع هذه الفتاة عن المشكلة التي تسبب سلوكها، بدأت ألعب الورق معها. القاصرون رهن الاعتقال يلعبون الورق بشكل متكرر ويعرفون العديد من الألعاب. وعددًا قليلًا من ألعاب البطاقات. طلبت من الفتاة ان تعلمني اللعب. فهذا يعطيها قوة في العلاقة التي يمكن أن تسيء استخدامها بسهولة. فأشارت إلى الأخطاء التي ارتكبتها أثناء تعلمي، والأخطاء التي كان من الممكن ان تستخدمها بسهولة للفوز بالمباريات. كان واضحًا أن الفتاة أبدت تعاطفًا مباشرًا بعكس ماعرف عن عدائها الاجتماعي، كما أنها لم تطلب

الحصول على امتيازات خاصة تنتهك قواعد المؤسسة الاصلاحية.و كان السماح بلعب الورق مع المراقبة وتقديم الخدمات، قد ابرز قدرتها على ان تكون أفضل أثناء الاحتجاز.و في الواقع, كانت قادرة على مغادرة الحجز وإغلاق سجلاتها الخاصة بالأحداث حتى لا تسبب مشاكل لها عندما تصبح امرأة بالغة.

الخاتمة

كما ورد في هذا الكتاب من سلسلة كتبنا فاننا نعرض معلومات صحة وتعافي المهاجرين ومن يعملون معهم و من المهم أن تتم مشاركة هذه المعلومات الجديدة بين الباحثين في المجالات الأكاديمية.و يتيح ذلك للمهنيين التعلم من بعضهم البعض وتحسين كيفية فهمنا للصحة والمرض النفسيين. لكن لسوء الحظ, لا تصل هذه المعرفة دائمًا إلى الأشخاص الذين يحتاجون إلى المساعدة.و نحن نسعى لسد هذه الفجوة.

من المهم بالإضافة إلى ذلك التعرف على الظروف الخاصة بالعديد من مجموعات المهاجرين المتمايزة ثقافيًا ولغويًا. وهذا يتطلب منا الاهتمام بالبحوث العلمية (على سبيل المثال, علم الأوبئة - انظر الى العرض). ولكنه يتطلب أيضًا استمرار وجود أفراد مجتمع يعرفون الظروف التي قد يتعرض لها الآخرون.

علمنا قبل بضع سنوات, أن العديد من الشباب البالغين في مجتمع المهاجرين الصغيرو خلال فترة زمنية قصيرة نسبيًا قد اقدموا على الانتحار. لم تكن هذه الحقيقة معروفة. إذ لم يكن لدينا تواصل مع هذا المجتمع بالذات, ولا داعي للقول فأن حالة انتحار واحدة تعتبر كثيرًا جدًا. لكن ما سمعناه بدا وكأنه نزعة.

فما الذي يسبب هذه النزعة؟ هل هناك أناس آخرون فكروا أو حاولوا بالفعل الانتحار؟ هناك تكهنات حول سبب اختيار الكثير من

الناس لذلك ينهون حياتهم. لكن لم تكن هناك إجابات نهائية على هذه الأسئلة

إذن، ما لعمل؟ انتهجنا التعامل مع المشكلة بطريقتين كجزء من جهود المنظمات المهتمة بالمشكلة اولا وقمنا للبحث عن مساعدة. بعقد عددًا من الاجتماعات في الجالية التي قدم أعضاءها المعلومات عن الصحة العقلية وكيفية طلب المساعدة. و كانت هذه إحدى الطرق لتوضيح أي معلومات خاطئة عن الصحة والمرض النفسي.أو العقلي وشملت أطباء و مساعديهم. لكن ربما الأهم من ذلك أنها تضمنت أيضًا الزعماء الدينيين الذين يمكنهم تبديد المحظورات الثقافية بشكل أفضل حول طلب المساعدة من طبيب نفسي

و وضعنا عددًا من ورش عمل مع مقدمي الخدمات النفسية و الصحية وغيرهم من العاملين لدى الجالية المعنية. بهذا كنا نأمل في تدريب الناس في ظروف خاصة تؤثر على المجتمع والمساعدة في تحسين الرعاية.باختصار، شعرنا أنه من المهم أن نشجع الأشخاص الذين يحتاجون إلى المساعدة.

كانت جهودنا تستجيب لحالات الطوارئ، وشددت على أن الخطوات التي تم اتخاذها (بين الآخرين) يجب أن تكون جزءًا من عملية منهجية ومنظمة ومستمرة. باختصار, لا بد من أن يكون العامل المثير للجرائيم متفاعلًا, فلو كان النظام موجودًا، فربما لم تكن حالات الانتحار قد حدثت. مع هذا الكتاب، يمكنك تحميل جزء صغير يساعد المهاجرين وأولئك الذين يعملون معهم على اكتساب وعي أكبر بالاحتياجاتوالظروف الصحية العاجلة للتعافي

قائمة المصطلحات

التثاقف ويُعرَّف عمومًا بأنه تعديل ثقافي وتكيف للفرد أو المجموعة أو الأشخاص من خلال تعلم ودمج السمات والعادات في الثقافة الأخرى.

ضغط التثاقف Acculturation Stress:ويشير إلى التحديات النفسية التي ينطوي عليها التكيف مع ثقافة جديدة. يمكن أن يكون هذا الضغط مهمًا خاصةً عندما ينطوي التثاقف على تغييرات كبيرة في الحياة (على سبيل المثال، تعلم لغة جديدة، وانخفاض اجتماعي واقتصادي، وحالة أخرى، تواجه التمييز في بلد جديد). تم الاعتراف بضغط التثاقف كمجال من مجالات التصنيف الدولي للأمراض والتلفزيون العاشر (ICD-10) والدليل التشخيصي والإحصائي للاضطرابات النفسية، الإصدار الخامس (DSM-5).

القلق Anxiety حالة عاطفية تتميز بالصعوبات مثل الخوف والرهبة والقلق. يمكن أن تشمل الأعراض الجسدية مثل التعرق وتوتر العضلات وسرعة ضربات القلب. يمكن أن يكون القلق رد فعل طبيعي للتوتر. ولكن يمكن أن يتطور إلى اضطراب عندما يصبح شديدًا ومستمرًا.

الأرق المزمن يتسم بأنه مزمن عندما تستمر الأعراض بلا هوادة على مدار شهر، وعادةً لمدة ستة أشهر أو أطول.

العلاج النفسي المتمحور حول معالجة المريض بنهج غير توجيهي بحيث لا يصدر المعالج أي أحكام تقيمية للمريض (يشار إليه أحيانًا بالاحترام الإيجابي غير المشروط) ويساعد ببساطة في تقديم الدعم عبر الفيديو بينما يبحث المريض عن حلول للمشكلة

العلاج المعرفي السلوكي (CBT) هو نوع من العلاج يساعد الناس على تعلم كيفية التعرف على أنماط التفكير المزعجة التي لها تأثير سلبي على السلوك والعواطف وتغييرها و استخدامه في العلاج المعرفي السلوكي.

إعادة الهيكلة المعرفية هي تقنية علاجية تتضمن تحديد الإدراك والمعتقدات غير القادرة على التكيف والتي تميل إلى أن تكون تلقائية. ثم يعلم المريض كيفية إجراء تقييم نقدي لعمليات التفكير وتحويلها إلى عمليات بناءة أكثر.

الكفاءة الثقافية: يعرّف مكتب صحة الأقليات في الولايات المتحدة هذا على أنه «امتلاك القدرة على الوظيفة بشكل فعال كإعداد فردي وتنظيمي في سياق المعتقدات الثقافية والسلوكيات والاحتياجات التي يقدمها المستهلكون ومجتمعاتهم.» على الصعيد الدولي، تؤكد أبحاث الكفاءة الثقافية والدعوة أيضًا على الصحة العالمية. على هذا النحو، فإنه يسعى إلى فهم الترابط بين المناطق، والمجموعات الثقافية، وتغير المناخ، والنظم البيئية، والوقائع السياسية التي تؤثر على التأثير والعافية.

الاكتئاب هو حالة عاطفية تتميز بصعوبات مثل الحزن واليأس والعجز والشعور بعدم القيمة وفقدان الاهتمام بالنشاطات التي تمتع بها الشخص سابقًا، وفقدان الطاقة، والتباطؤ البدني، وأنماط النوم المضطربة، والتغيرات في الشهية، والشعور بالذنب حيال ذلك. شيئا ما. يشعر معظم الناس بالحزن لأسباب مختلفة في مراحل من حياتهم. لكن الاكتئاب أكثر حدة واستمرارية. عندها يواجه الناس مشاكل في التركيز ويصبحون ميؤوسًا منهم لدرجة أنهم قد يفكرون حتى في إنهاء حياتهم. في

الظروف القصوى يحاولون الانتحار أو يكملونه.

الذكاء العاطفي هو القدرة على إدراك مشاعر المرء والتحكم فيها والتعبير عنها بشكل فعال. يزيد الذكاء العاطفي القوي من احتمال أن يكون الشخص قادرًا على التعامل مع العلاقات الشخصية بين الأشخاص بشكل مدروس ومعاملته، فالذكاء العاطفي غالبًا ما يحتوي على خمسة مكونات أساسية: الوعي الذاتي والتنظيم الذاتي والحافز الداخلي والتعاطف والمهارات الاجتماعية.

علم الأوبئة دراسة علمية لأنماط وأسباب (بما في ذلك عوامل الخطر) للتكاثر «الصحة». تشمل ولكن ليست محدودة الأمراض الخاصة. الهدف الأساسي من علم الأوبئة هو فهم الأنماط المتضمنة في كل من الأمراض والصحة, وتأثير الدعم على سبل زيادة التكاثر.

العلاج السلوكي الجدلي (DBT): العلاج السلوكي الجدلي (DBT) هو علاج نفسي آخر تمت إعادة البحث فيه جيدًا وقد تم وضعه في البداية لعلاج اضطراب الشخصية الحدية. تظهر الأبحاث أن هذا البحث مفيد أيضًا في علاج اضطرابات المزاج, والتفكير في الانتحار ونوبات إيذاء النفس, وتعاطي المخدرات. قامت مارشا ام لنهن Linhan Marsha [206] بوضعه كشكل معدل من العلاج السلوكي المعرفي, DBT و يركز على العاطفة

التنظيم (مثل تعلم تحديد المحفزات) وتطوير طرق أكثر إنتاجية لتطوير تحمل الإجهاد. في هذه العملية, يعمل DBT على بناء تحالفات تعاونية بين المريض والمعالج وخلق طرق جديدة للتعامل بفعالية مع أحداث الحياة الصعبة وحلها. إنه يستخدم التقاليد النفسية الغربية ولكنه يدمج أيضًا التأمل.

إزالة حساسية حركة العين وإعادة معالجتها (EMDR): تم عرض البحث على نحو بديل, من خلال تحفيز الجانب الأيمن والأيسر من

الدماغ، وتأثير التهدئة. الناس يصبحون مسترخين، ويمكنهم أن يدفعوا الانتباه، ويقللوا من القلق. غالبًا ما يتم ذلك عن طريق جعل الأشخاص ينظرون إلى شيء مثل قلم الرصاص يتحرك أمام أعينهم، عن طريق النقر على اليد اليسرى واليمنى للأشخاص، عن طريق السماح لهم بسماع الأصوات ذهابًا وإيابًا بين اليسار واليمين، ومن خلال الحرارة.

إزالة التحسس وإعادة المعالجة (EMDR) هو نوع من العلاج النفسي، في المقام الأول للاضطرابات العاطفية المرتبطة بالصدمات مثل اضطراب ما بعد الصدمة. كجزء من طريقة شاملة، يتذكر المريض تجارب الضغط أثناء القيام بالتحفيز الثنائي مثل حركة العين من جانب إلى جانب أو التنصت على جانبي الجسم.

المهاجرون هم الأشخاص الذين جاؤوا للعيش بشكل دائم في بلد ليس مكانًا آخرًا لليد/ أو المواطنة.

«بشكل دائم.» على هذا النحو، فإنه لا ينطبق على الأشخاص من السياح أو الذين يزورون مقاطعة أجنبية للعمل بشكل مؤقت.

تشير مفارقة المهاجرين (المعروفة أيضًا باسم «التناقض اللاتيني» أو «الأسبان من أصل إسباني») إلى عرض الأبحاث على أن الجيل الأول من المهاجرين يمتد إلى الحصول على صحة خارج الوطن والتي تكافئ تقريبًا (أو في بعض الأحيان أفضل من) نظرائهم المولودين في البلد. يعتبر هذا تناقضًا لأن الجيل الأول من المهاجرين غالبًا ما يكون لديهم دخل متوسط وتعليم أقل، وهي عوامل مرتبطة عموماً بصحة أسوأ ومعدلات وفيات أعلى في جميع أنحاء العالم.

الاستيعاب Internalizing يتم مع أناس يؤمنون بتصور نمطي سلبي للجاليات الإثنية والعرقية المهمشة الاخرى، ويقبلون الممارسات التمييزية من قبل المجموعة المهيمنة. ويرون أن التوصيف السلبي المتعصب صحيح

ويعتقدون أن الممارسات ضدهم لها ما يبررها.

الهجرة غير الطوعية: الوضع الذي يهاجر فيه الأشخاص بسبب خوفهم من الحرب أو الاضطهاد في وطنهم. ربما تم إجبارهم على المغادرة. لم يرغب هؤلاء المهاجرون بالضرورة في مغادرة وطنهم، لكنهم فعلوا ذلك لأنهم شعروا أنه لا خيار أمامهم.يتسم الأرق الأولي بصعوبة الاستغراق في النوم.

صدمة اختلاف الجيل التي تنتقل من أولئك الذين يعانون مباشرة من الأحداث الأصلية إلى الأجيال التالية. يمكن للأطفال، على سبيل المثال، «وراثة» ردود فعل الصدمة من آبائهم. قد يشمل ذلك سماع قصص مباشرة عن الأحداث الصادمة. ولكن يمكن أن يستلزم أيضًا نقل الطرق المختلة التي استخدمها البالغون في الجهد المبذول في علاج الصدمات.

علم الأنثروبولوجيا الطبية له مناهج علمية وهي الدراسات التي تبين أن العلاج يتشكل ويتم تجربته ويفهمه في سياق الظروف العالمية والتاريخية والسياسية.

الانثروبولوجيا الطبية هي تخصص يدرس كيفية تشكيل وخبرة وفهم الصحة والمرض ويتم في السياق العالمي والتاريخي والظروف السياسية.

المهاجر هو شخص ينتقل من مكان أو بلد إلى آخر. هذا في بعض الأحيان يتم تطبيقه على الأشخاص الذين يعملون في بلد معين (على سبيل المثال، عمال المزارع المهاجرون) مع وجود نية محتملة للعودة إلى الوطن بشكل دوري.

الاضطرابات الشخصية هي أمراض عقلية تنطوي على أنماط طويلة الأمد من الأفكار والسلوكيات غير المرنة والمختلة. يمكن أن تسبب مشاكل خطيرة ومتكررة في حياة الشخص بما في ذلك العلاقات والعمل.

الأشخاص المصابون باضطرابات الشخصية غالبًا ما يكونون متقلبين ومتعطشين للسلوك مشكلة في الحفاظ على أي علاقات طويلة الأمد

يركز **علم النفس الإيجابي** على نقاط القوة لدى الأشخاص لتحديد الأساليب التي ستساعدهم ويكتسب الفرد حياة ذات مغزى ومرضية. يركز بشكل أقل على علم النفس المرضي.

اضطراب ما بعد الصدمة (PTSD) هو حالة أساسية تؤدي إلى حدوث ذرة من الناس بسبب التجربة أو الحدث المروع (مثل تجارب الحرب، والاعتداء الجنسي، والحادث الكبير، وحادث تجربة الشرج مع إصابات خطيرة). يمكن أن تشمل الأعراض الشائعة أفكارًا تطفلية حول الحدث، والقلق الشديد، وذكريات الماضي للحدث، وتجنب أي شيء يذكر الناس بالحدث، والكوابيس، والقلق، والاكتئاب، وصعوبات التفكير والتركيز، والانسحاب من الآخرين. يمكن أن يكون اضطراب ما بعد الصدمة شائعًا جدًا بين اللاجئين أو الجنود الذين مروا بتجارب سيئة في الحرب.

الدراما النفسية هي طريقة علاجية نفسية يستخدم فيها المرضى لعب الأدوار وطرق أخرى للتحقيق في حياتهم واكتساب نظرة ثاقبة عليها.

يركز **العلاج النفسي** الديناميكي على الجذور النفسية للمعاناة العاطفية. تركز العلاجات الديناميكية الديناميكية على التفكير الذاتي واستكشاف الذات لتحديد وحل مثل هذه الصراعات.

اللاجئ هو شخص أُجبر على الهجرة خارج بلدها الأصلي بسبب التهديدات الموجهة إليه. هذا المصطلح صعب بعض الشيء لأنه يطبق أحيانًا على نطاق واسع على أي مهاجر أجبر على الهجرة. ولكن على أساس أكثر رسمية، فإنها تميل إلى الإشارة إلى وضع قانوني محدد. على سبيل المثال، وفقًا للعنوان الثامن، القسم 1100 من قانون الولايات المتحدة،

القسم 1A42, يعتبر اللاجئون غير قادرين على العودة إلى وطنهم أو بلدها بسبب الاضطهاد, أو الخوف المبرر من الاضطهاد, بسبب المسؤولية, أو الدين, أو الجنسية, أو العضوية في جماعة اجتماعية معينة, أو الرأي السياسي. لا يمكن للأجنبي أن يتأهل لهذا الوضع إذا كان هو أو هي قد قام بمحاكمة آخرين, أو استقر بحزم في بلد ثالث, أو أدين بجريمة خطيرة معينة. المعلومات القانونية المحددة حول موطن اللاجئ

صحة النوم عبارة عن مجموعة واسعة من التعليمات التي توصي وتشجع الممارسات التي يتم تدريسها لتعزيز روتين النوم أو التدخل فيه بطريقة متسقة، وتقييد المشروبات الكحولية والكافيين قبل النوم.

الصدمة تشمل الإصابات الجسدية أو الضيق النفسي أو بعض التقارب بين كلاهما. يمكن أن يسبب هذا ارتجاجات وارتجاج في المخ وكسور في العظام وإصابات مماثلة. تشير «الصدمة المخترقة» إلى الظروف التي يخترقها أحد الأشياء في جلد الجسم, مما يؤدي عادةً إلى الانفتاح. تشير الصدمة النفسية إلى الاضطرابات المعرفية والعاطفية التي يمكن أن تنشأ عن حدث أو أكثر من الأحداث المؤلمة (على سبيل المثال، الحرب والعنف المنزلي وحوادث السيارات والحوادث الصناعية والاعتداء الجنسي والاستغلال). غالبًا ما يؤدي التعرض المباشر لمثل هذه الأحداث أو حتى مشاهدتها الى ضغط هائل لا يستطيع الشخص التعامل معه. في العديد من الحوادث, تحدث الصدمات الجسدية والنفسية معًا. أيضًا, يعاني بعض الأشخاص من «الصدمة التراكمية» التي لا تشمل أحداثًا ضارة واحدة بل مجموعة مطولة من الأحداث الضارة. في المجال النفسي, يمكن أن تؤدي سلسلة لا هوادة فيها من التجارب السلبية إلى زيادة الضغوط.

الإصابات الدماغية الرضية (TBI). يتضمن ذلك إصابات في الدماغ والجمجمة وفروة الرأس. الدماغ لا يعمل بشكل طبيعي بسبب

قوة خارجية مثل ضربة عنيفة للرأس. هناك أربعة أنواع أساسية من إصابات الدماغ الرضية: الارتجاج (الذي يشتمل عادة على ضربة أو اهتزاز في الرأس يمكن أن يسبب صعوبات في التركيز وفقدان الذاكرة والارتباك) وكدمات دماغية (كدمة في الدماغ)، وجروح مخترقة للدماغ (في بعض الأحيان نوع من جسم صلب يخترق الجمجمة و يسبب ضررًا للدماغ) أوإصابته (شيء يشبه نزف يحرم الدماغ من الأكسجين ويحتمل أن تكون إصابات مهمة). يمكن أن تؤثر أعراض الإصابات الدماغية الرضية وتتفاعل مع اضطراب ما بعد الصدمة والاضطرابات النفسية الأخرى.

الصدمة غيرالمباشرة Vicarious Trauma تتضمن ضائقة عاطفية ناتجة عن التعاطف مع الناجين من الصدمات. غالبًا ما يتردد على مهني الصحة و الاسعاف وغيرهم ممن يعملون مع الناجين من الحرب والتعذيب والحوادث والظروف المؤلمة الأخرى

المراجع

1   UNHCR: How many refugees are fleeing the crisis in Afghanistan? (09/15/2021). https://www.unrefugees.org/news/how-many-refugees-are-fleeing-the-crisis-in-afghanistan/

2   HumanRightsWatch. AfghanistanFacingFamine. November 11, 2021. https://www.hrw.org/news/2021/11/11/afghanistan-facing-famine

3   United Nations: UN News - Invasion of Ukraine: Neighbors struggle with refugee influx; UN expresses 'horror' at Mariupol hospital attack 9 March 2022. https://news.un.org/en/story/2022/03/1113652

4   JordanM. ANewSurgeofUkrainiansat U.S. Border. New YorkTimes, April 6, 2022. https://www.nytimes.com/2022/04/06/us/ukraine-refugees-us-border.html

5   NPR: Why A Growing Number Of Haitian Migrants AreHeadedToThe U.S. September29, 2021. https://www.npr.org/2021/09/29/1041462083/why-a-growing-number-of-haitian-migrants-are-headed-to-the-u-s

6   Al Jazeera. Poland-Belarus border: What you need to know aboutthecrisis. https://www.aljazeera.com/news/2021/11/12/poland-belarus-border-what-you-need-to-know-about-the-crisis

7   Semuels A. Why isn't inflation ending? Time Magazine, March14-21, 2022: 18

8   Schwartz SJ, Walsh SD, Ward C, Tartakovsky E, Weisskirch RS, Vedder P, Makarova E, Bardi A, Birman D, Oppedal B,

Benish-Weisman M, Lorenzo-Blanco EI, Derya Güngör, Gonneke WJM Stevens, Benet-Martínez V, Titzmann PF, Silbereisen RK, Geeraert N. The role of psychologists in international migration research: Complementing other expertise and an interdisciplinary way forward, Migration Studies, 01/242020.

9   Schulherr S. Eating Disorders for Dummies, 2008. Dummies, a John Wiley & Sons, Inc. Brand.

10 World Health Organization. The ICD-10 classification of mental and behavioural disorders: Clinical descriptions and diagnostic guidelines. 1992; Geneva: World Health Organization.

11 American Psychiatric Association. Diagnostic and statistical manualof mental disorders (5th ed.). 2013, Arlington VA: Author.

12 American Psychological Association. Ethical Principles of Psychologists and Code of Conduct Ethics (Including 2010 and 2016 Amendments). https://www.apa.org/ethics/code

13 UNHCR. Insecurity, economiccrisis, abuse and exploitation in Libya push refugees and migrants to Europe, new study reveals. 07/032017. https://www.unhcr.org/en-us/news/press/2017/7/595a03bb4/insecurity-economic-crisis-abuse-exploitation-libya-push-refugees-migrants.html

14 UNICEF Advocacy Brief, Exploitation, trafficking and smuggling can be avoided. 10/2016. https://www.unicef.org/eca/sites/unicef.org. eca/files/press-releases/EXPLOITATION_TRAFFICKING_ ADVOCACY_2.pdf

15 Tennant C, McLean L. The impact of emotions on coronary heart disease risk. Journal of Cardiovascular Risk. 2001 Jun; 8(3):175-83.

16 Serafica R, Lekhak N, Bhatta T. Acculturation, acculturative stress and resilience among older immigrants in United States. International NursingReview. 2019Sep; 66(3):442-448.

17 BustamanteLHU, CerqueiraRO, LeclercE, BrietzkeE. Stress, trauma, and posttraumatic stress disorder in migrants: a comprehensive review. Revista Brasileira de Psiquiatria. 2017 Oct 19; 40(2):220-225.

18 Berry, JW, Kim U, Minde T. & Mok D. comparative studies of acculturative stress. International Migration Review. 1987; 21:491-511.

19 Berry, JW, & Kim U. Acculturation and mental health. In PR Dasen, JW Berry, & N Sartorius (Eds.), Cross-cultural research and methodologyseries, 1988; Vol. 10. Health and cross-cultural psychology: Toward applications(p. 207–236). SagePublications, Inc.

20 Potochnick SR, Perreira KM. Depression and anxiety amongfirst-generation immigrant Latino youth: key correlates and implicationsforfutureresearch. Journal of NervousandMentalDisease. 2010; 198(7):470-477.

21 Division 27 of the American Psychological Association. Statement on the Effects of Deportation and Forced Separation on Immigrants, their Families, and Communities. American Journal of Community Psychology. 2018; 26:3-12.

22 Capps R, Gelatt J, Ariel G. Ruiz Ssoto A. G, & Van Hook J. Unauthorized Immigrants in the United States Stable Numbers, Changing Origins. Migration Policy Institute., 12/2020. https://www.migrationpolicy.org/sites/default/files/publications/mpi-unauthorized-immigrants-stablenumbers-changingorigins_final.pdf

23 Capps R, Koball H, CampetellaA, Perreira K. Implications of Immigration Enforcement Activities for the Well Beingof Children in Immigrant Families. Migration Policy Institute, 09/2015. https://www.urban.org/sites/default/files/alfresco/publication-exhibits/2000405/2000405-Implications-of-Immigration-Enforcement-Activities-for-the-Well-Being-of-Children-in- Immigrant-Families.pdf

24 Fact Sheet, U.S. Citizen Children Impacted by Immigration Enforcement American Immigration Council, 01/24/2021.

https://www.americanimmigrationcouncil.org/research/us-citizen-children-impacted-immigration-enforcement

25 Borrego JJr., Ortiz-González E, Gissandaner TD. Chapter21— Ethnic and Cultural Considerations. In SN Compton, MA Villabø, H Kristensen Eds. Pediatric Anxiety Disorders. 2019, Pages 461-497. Elsevier

26 Williams DR, Haile R, González HM, Neighbors H, Baser R, Jackson JS. The mental health of Black Caribbean immigrants: results from the National Survey of American Life. American Journal of Public Health. 2007 Jan; 97(1):52-9.

27 Kolker, C. The Immigrant Advantage: What we can learn from Newcomersto America about Health, Happiness, and Hope. 2014, New York: FreePress

28 Salas-Wright CP, Vaughn MG, Clark TT, Terzis LD, Córdova D. Substance use disorders among first-and second-generation immigrantadults in the United States: evidence of an immigrant paradox? Journal of Studies on Alcohol and Drugs. 2014; 75(6):958-967.

29 Lin JT, Mollan KR, Cerami C. The Consequences of Isolating at home. Clinical and Infect Diseases. 2021 Nov2; 73 (9) : e2823.

30 Da Silva N, Dillon FR, Rose Verdejo T, Sanchez M, De La Rosa M. Acculturative Stress, Psychological Distress, and Religious CopingAmong Latina Young Adult Immigrants. The Counseling Psychologist. 2017; 45(2):213-236.

31 Kent BV, Stroope S, Kanaya AM, Zhang Y, Kandula NR, Shields AE. Private religion/spirituality, self-rated health, and mental health among US South Asians. Quality of Life Research. 2020 Feb; 29(2):495-504.

32 Reimann JOF, Ghulam M, Rodríguez-Reimann DI, Beylouni MF. Project Salaam: Assessing mental health needs among San Diego'sgreater Middle Eastern and East African communities. Ethnicity & Disease. 2007 Summer; 17 (2Suppl3): S3-39-S3-41.

[33]   Smokowski PR, Roderick R, Martica LB. Acculturationand Latino Family Processes: How Cultural Involvement, Biculturalism, and Acculturation Gaps Influence Family Dynamics. Family Relations. 200857(3):295-308.

[34]   Perez RM. Linguistic Acculturation and Context on Self-Esteem: Hispanic Youth Between Cultures, Child and Adolescent Social Work Journal. 2011; 28(3):203-228.

[35]   Bedard P. Report: Illegal immigration leads to 2, 200 deaths, 118, 000 rapes, 138, 000 assaults. Washington Examiner. August 21, 2018. https://www.washingtonexaminer.com/washington-secrets/report-illegal-immigration-leads-to-2-200-deaths-118-000-rapes-138-000-assaults

[36]   Arthur AR. An Incredibly Violent Journey the United States: The perils of illegal immigration. Center for Immigration Studies (October 25, 2018) https://cis.org/Arthur/Incredibly-Violent-Journey-United-States

[37]   European Union Agency for Fundamental Rights. Current migration situationinthe EU: Torture, trauma, and its possible impact on drug use. (February 2017). https://fra.europa.eu/sites/default/files/fra_uploads/fra-february-2017-monthly-migration-report-focus-torture-trauma_en.pdf

[38]   The International Organization of Migration (IOM)Missing Migrants Project, 2019 Migration Data Portal the Bigger Picture updated March 17, 2020. https://missingmigrants.iom.int/

[39]   Armus, T. Four dead, dozens injured when suspected migrant smuggling boat capsizes near San Diego. The Washington Post, May3, 2021.

[40]   At Least 27 Dead After Migrant Boat Capsizes in English Channel, New York Times. 11/04/2021. https://www.nytimes.com/2021/11/24/world/europe/migrants-boat-capsize-calais.html

[41]   Nesteruk O. Immigrants Coping with Transnational Deaths and Bereavement: The Influence of Migratory Loss and Anticipatory Grief. Family Process. 2018 Dec; 57(4):1012-1028.

42 Mayo Clinic, DiseaseReference, Complicated Griefhttps://
    www.mayoclinic.org/diseases-conditions/complicated-
    grief/symptoms-causes/syc-20360374

43 Kübler-Ross E. (1969). On Deathand Dying.
    MiltonPark:Routledge.

44 Traguetto J, Guimaraes TA. Therapeutic Jurisprudence and
    RestorativeJustice in Brazil. International Journal of
    Offender Therapy andComparative Criminology. 2020
    May; 64(6-7):654-673.

45 Decker MR, Holliday CN, Hameeduddin Z, Shah R, Miller
    J, DantzlerJ, Goodmark L. Defining Justice: Restorative
    and Retributive Justice Goals Among Intimate Partner
    Violence Survivors. Journal of Interpersonal Violence. 2020
    Aug 1:886260520943728.

46 Killikelly C, Bauer S, Maercker A. The Assessment of Grief
    in Refugees and Post-conflict Survivors: A Narrative
    Review of Etic and Emic Research. Frontiers in Psychology.
    2018 9:1957.

47 Nesteruk O. Immigrants Coping with Transnational Deaths
    and Bereavement: The Influence of Migratory Loss and
    Anticipatory Grief. Family Process. 2018 Dec; 57(4):1012-
    1028.

48 Smith HY & Jeffers, SL. ABCs of healthy grieving: light for
    a dark journey. 2001. Shawnee Mission Medical Center
    Foundation.

49 Tinghög P, Malm A, Arwidson C, Sigvardsdotter E, Lundin
    A, Saboonchi F. Prevalence of mental ill health, traumas
    and postmigration stress among refugees from Syria
    resettled in Swedenafter 2011: a population-based survey.
    BMJ Open. 2017 Dec 29; 7(12).

50 The Soufan Center. Syria: The Humanitarian-Security
    Nexus, 2017, Author.

51 Perreira KM, Ornelas I. Painful Passages: Traumatic
    Experiences and Post-Traumatic Stress Among Immigrant

Latino Adolescents and Their Primary Caregivers. Rev. 2013; 47(4).

52 Reuters Factbox: Evacuations from Afghanistan by country. https://www.reuters.com/world/evacuations-afghanistan-by-country-2021-08-26/

53 Grossman, P. UN Rights Body Needs to Investigate Abuses in Afghanistan, Human Rights Watch. (08/23/2021). https://www.hrw.org/news/2021/08/23/un-rights-body-needs-investigate-abuses-afghanistan

54 The women who hunted the Taliban. The Week, May 13, 2022, Pages36-37.

55 Cook, C. Rebuilding Ukraine after the War; Center for Strategies andInternational Studies, 03/22/2022. https://www.csis.org/analysis/rebuilding-ukraine-after-war

56 MolinaC. Zambrana, R. E., &Aguirre-Molina, M. Theinfluenceof culture, class, and environment on health care. In C. W. Molina & M. Aguirre-Molina (Eds.) Latino health in the U.S. : A growing challenge. 1994 (pp: 23-43), Washington, DC: American Public HealthAssociation.

57 Hinton DE, Pich V, Marques L, Nickerson A, Pollack MH. Khyâl attacks: a key idiom of distress among traumatized Cambodia refugees. Culture, Medicine and Psychiatry. 2010 Jun; 34(2):244-78.

58 Tydel, M., & Egit, M. The concept of nomogenic disorders. Medicine & Law, 19987:167-176.

59 Kaplan HI, & Sadock BJ. Synopsis of Psychiatry (6th ed.) 1991. Baltimore: Williams & Wilkins.

60 Mott FW. Mental hygiene and shell shock. British Medical Journal, 19172:39-42.

61 Slovenko R. Introduction. In R. I Simon, (Ed.) Posttraumatic StressDisorder in litigation: Guidelines for forensic assessment. 1995 (pp xix- xxvii) Washington DC: American Psychiatric Press.

62 Jowett S, Karatzias T, Shevlin M, Albert I. Differentiating symptom profiles of ICD-11PTSD, complex PTSD, and

border line personality disorder: A latent class analysis in a multiply traumatized sample. Journal of Personality Disorders. 2020 Jan; 11(1):36-45.

63 Ramos Z, Fortuna LR, Porche MV, Wang Y, Shrout PE, Loder S, Mc Peck S, Noyola N, Toro M, Carmona R, Alegría M. Posttraumatic Stress Symptoms and their Relationship to Drug and Alcohol use in an International Sample of Latino Immigrants. Journal of Immigrant and Minority Health. 2017 Jun; 19(3):552-561.

64 Rivara F, Adhia A, Lyons V, Massey A, Mills B, Morgan E, Simckes M, Rowhani-Rahbar A. The Effects of Violence On Health. Health Affairs (Millwood). 2019Oct; 38(10):1622-1629.

65 Zito D. Kindersoldatinnen und -soldaten als Flüchtlinge in Deutschland [Child Soldiersas Refugeesin Germany]. Praxisder Kinderpsychologieund Kinderpsychiatrie. 2016 Dec; 65(10):763-780.

66 Bremner JD. Traumatic stress: effects on the brain. Dialogues in Clinical Neuroscience. 2006 8(4):445-61.

67 Fitzgerald JM, DiGangi JA, Phan KL. Functional Neuroanatomy of Emotion and Its Regulation in PTSD. Harvard Review of Psychiatry. 2018 May/Jun; 26(3):116-128.

68 US National Center for PTSD. Anger, Trauma, and PTSD https://www.veteranshealthlibrary.va.gov/142, AD1036_VA

69 Bryant A. Mindful Anger the Art of Transforming a Difficult Emotioninto a Powerful Therapeutic Tool. 2014, New York NY: WW Norton &Company.

70 Sapolsky RM. Stress and plasticity in the limbic system. Neurochemical Research. 2003Nov; 28(11):1735-42.

71 Arcadi P, Simonetti V, Ambrosca R, Cicolini G, Simeone S, Pucciarelli G, Alvaro R, Vellone E, Durante A. Nursing during the COVID-19 outbreak: A phenomenological study. Journal of Nursing Management. 2021 Jul; 29(5):1111-1119.

72   Ebren G, Demircioğlu M, Çırakoğlu OC. A neglected aspect
      of refugee relief works: Secondary and vicarious traumatic
      stress. Journal of Trauma Stress. 2022 Feb 24.

73   Friedman-Gell, L & Barron, J. Intergenerational Trauma
      Workbook. 2020 Emeryville CA: Rockridge Press.

74   Mc Pherson JI. Traumatic brain injury among refugees and
      asylumseekers. Disabilityand Rehabilitation. 2019May;
      41(10):1238-1242.

75   Hendrickson RC, Schindler AG, Pagulayan KF. Untangling
      PTSD   and
      TBI:ChallengesandStrategiesinClinicalCareandResearch.
      Current Neurology and Neuroscience Reports. 2018 Nov 8;
      18(12):106.

76   American   Psychiatric   Association.   Diagnostic   and
      Statistical Manual ofMental Disorders (4th ed. Text
      Revision). 2000 Arlington, VA: Author.

77   Bandelow B, Michaelis S. Epidemiology of anxiety disorders
      in   the21stcentury.   DialoguesinClinicalNeuroscience.
      201517(3):327-335.

78   Szaflarski M, Cubbins LA, Meganathan K. Anxiety
      Disorders among US Immigrants: The Role of Immigrant
      Background and Social-Psychological Factors. Issues in
      Mental Health Nursing. 201738 (4): 317-326.

79   Kerridge BT, Chou SP, Pickering RP. Substance Use and
      Psychiatric Disorders Among Mexican Americans and
      Non-Hispanic Whitesby Immigration Status. Primary Care
      Companion for CNS Disorders. 2019 Feb 28 21(1):18m02359.

80   Søegaard EGI, Kan Z, Koirala R, Hauff E, Thapa SB.
      Variations in psychiatric morbidity between traumatized
      Norwegian, refugees andother immigrant patients in Oslo.
      Nordic Journal of Psychiatry. 2020Aug; 74(6):390-399.

81   Brander G, Pérez-Vigil A, Larsson H, Mataix-Cols D.
      Systematic review of environmental risk factors for
      Obsessive-Compulsive Disorder: A proposed roadmap from

association to causation. Neuroscience & Biobehavioral Reviews. 2016 Jun; 65:36-62.

[82] Foo SQ, Tam WW, Ho CS, Tran BX, Nguyen LH, McIntyre RS, Ho RC. Prevalence of Depression among Migrants: A Systematic Reviewand Meta-Analysis. International Journal of Environmental Research andPublic Health. 2018 Sep 12; 15(9).

[83] Szaflarski M, Cubbins LA, Bauldry S, Meganathan K, Klepinger DH, Somoza E. Major Depressive Disorder and Dysthymia at theIntersection of Nativity and Racial-Ethnic Origins. Journal of Immigrant and Minority Health. 2016 Aug; 18(4):749-763.

[84] Vandeleur CL, Fassassi S, Castelao E, Glaus J, Strippoli MF, Lasserre AM, Rudaz D, Gebreab S, Pistis G, Aubry JM, Angst J, Preisig M. Prevalence and correlates of DSM-5 major depressive and related disorders in the community. Psychiatry Research. 2017 Apr; 250:50-58

[85] Dykxhoorn J, Hollander AC, Lewis G, Magnusson C, Dalman C, Kirkbride JB. Risk of schizophrenia, schizoaffective, and bipolar disorders by migrant status, region of origin, and age-at-migration:a national cohort study of 1. 8 million people. Psychological Medicine. 2019 Oct; 49(14):2354-2363.

[86] Sartorius N, Jablensky A, Korten A, Ernberg G, Anker M, Cooper JE, Day R. Early manifestations and first-contact incidence of schizophrenia in different cultures. A preliminary report on the initial evaluation phase of the WHO Collaborative Study on determinants of outcome of severe mental disorders. Psychological Medicine. 1986Nov; 16(4):909-28.

[87] Dapunt J, Kluge U, Heinz A. Risk of psychosis in refugees: a literature review. Translational Psychiatry. 2017 Jun; 13; 7(6).

[88] Hollander AC, Dal H, Lewis G, Magnusson C, KirkbrideJB, Dalman C. Refugee migration and risk of schizophrenia and

other non- affective psychoses: cohort study of 1. 3 million people in Sweden. BMJ. 2016Mar15; 352:i1030.

89 Brandt L, Henssler J, Müller M, Wall S, Gabel D, Heinz A. Risk of Psychosis Among Refugees: A Systematic Review and Meta-analysis. JAMA Psychiatry. 2019 Nov 1; 76(11):1133-1140.

90 Cantor-Graae E, Selten JP: Schizophrenia and migration: a meta- analysisandreview. American Journal of Psychiatry2005; 162:12–24.

91 Werbeloff N, Levine SZ, Rabinowitz J: Elaboration on the association between immigration and schizophrenia: a population-based national study disaggregating annual trends, country of origin and sex over 15 years. Social Psychiatry and Psychiatric Epidemiology 2012; 47:303–311.

92 Shekunov, J, Immigration and Risk of Psychiatric Disorders: A Reviewof the Existing literature. The American Journal of Psychiatry, Residents'Journal (2016) 11(2):3-5. https:// psychiatryonline.org/doi/10. 1176/appi. ajp-rj. 2016. 110202

93 Eisenbruch M. From post-traumatic stress disorder to cultural bereavement: diagnosis of Southeast Asian refugees. Social Science & Medicine 1991; 33:673–680.

94 Vermeiden M, Janssens M, Thewissen V, etal. Culturaldifferences in positive psychotic experiences assessed with the Community Assessment of Psychic Experiences-42 (CAPE-42): a comparison of student populations in the Netherlands, Nigeria and Norway. BMC Psychiatry. 2019; 19(1):244.

95 Magallón-Neri EM, Canalda G, Dela Fuente JE, Forns M, García R, González E, Castro-Fornieles J. The influence of personality disorders on the use of mental health services in adolescents with psychiatric disorders.comprehensive Psychiatry. 2012 Jul; 53(5):509-15.

96 Salas-Wright CP, Kagotho N, Vaughn MG. Mood, anxiety, and personality disorders among first and second-generation immigrants to the United States. Psychiatry Research. 2014 Dec 30; 220(3):1028-36.

97   Baleydier B, Damsa C, Schutzbach C, Stauffer O, Glauser
      D. Etude comparative des caractéristiques
      sociodémographiques et des facteursprédictifs de soins de
      patients suisses et étrangers consultant un serviced'urgences
      psychiatriques [Comparison between Swiss and
      foreignpatients characteristics at the psychiatric emergencies
      department andthe predictive factors of their management
      strategies]. Encephale. 2003 May-Jun; 29(3Pt1):205-12.

98   Luden. Abnormal Psychology. Paranoid Personality
      Disorder.   https://courses.lumenlearning.com/
      abnormalpsychology/chapter/paranoid-personality-
      disorder/

99   Chaney, JR. SCHIZOID: The Native Immigrant. 2018. Self
      Published.

100   Martens W.H. J. Terrorist with Antisocial Personality
      Disorder. Journal of Forensic Psychology Practice. 2003 45-
      56.

101   Merari, A. Driven to death: Psychological and social aspects
      of suicide terrorism. 2010; Oxford, UK: Oxford University
      Press.

102   Chavira DA, Grilo CM, Shea MT, Yen S, Gunderson JG,
      Morey LC, Skodol AE, Stout RL, Zanarini MC, Mc Glashan
      TH. Ethnicity and four personality disorders.comprehensive
      Psychiatry. 2003 Nov-Dec; 44(6):483-91.

103   Rodda SN, Lubman DI. The challenge of routine follow-
      upine-mental health services. Australian and New Zealand
      Journal of Psychiatry. 2014 May; 48(5):488-9.

104   PascualJC, MalagónA, CórcolesD, GinésJM, SolerJ, García-
      Ribera C, Pérez V, Bulbena A. Immigrants and borderline
      personality disorder at apsychiatric emergency service.
      British Journal of Psychiatry. 2008 Dec; 193(6):471-476.

105   Paris J. Cultural factors in the emergence of border line
      pathology. Psychiatry. 1996 Summer; 59(2):185-92.

106   Lyons, PA, Coursey, LE, & Kenworthy JB. National Identity
      and Group Narcissismas Predictors of Intergroup Attitudes

Toward Undocumented Latino Immigrants in the United States. Hispanic Journal of Behavioral Sciences, 2013 35 (3): 323.

[107] Westphal M, Olfson M, Bravova M, Gameroff MJ, Gross R, Wickramaratne P, Pilowsky DJ, Neugebauer R, Shea S, Lantigua R, Weissman M, Neria Y. Border line personality disorder, exposureto interpersonal trauma, and psychiatric comorbidity in urban primary carepatients. Psychiatry. 2013 Winter; 76(4):365-80.

[108] Mustelin L, Hedman AM, Thornton LM, Kuja-Halkola R, Keski- Rahkonen A, Cantor-Graae E, Almqvist C, Birgegård A, Lichtenstein P, Mortensen PB, Pedersen CB, Bulik CM. Risk of eating disorders in immigrant populations. Acta Psychiatrica Scandinavica. 2017 Aug; 136(2):156-165.

[109] Renzaho AM. Fat, rich and beautiful: changing socio-cultural paradigms associated with obesity risk, nutritional status and refugee children from sub-Saharan Africa. HealthPlace. 2004; 10:105–13.

[110] Musaiger AO, Shahbeek NE, Al-Mannai M. The role of social factors and weight status in ideal body-shape preferences as perceived by Arab women. Journal of Biosocial Science. 2004 36:699–707.

[111] Naigaga, D. A., Jahanlu, D., Claudius, H. M. et al. Body size perceptions and preferences favor overweight in adult Saharawi refugees. Nutrition Journal17, 17(2018).

[112] United Nations Office on Drugs and Crime. World Drug Report2020: Global drug use rising while COVID-19 has far-reaching impact on global drug markets. https://www. unodc.org/unodc/press/releases/2020/June/media-advisory---global-launch-of-the-2020-world-drug-report.html

[113] Centersfor Disease Control and Prevention. Overdose Deaths Accelerating During COVID-19. Press Release. December 17, 2020. https://www.cdc.gov/media/releases/2020/p1218-overdose-deaths-covid-19.html

[114] National Center for Drug Abuse Statistics, Drug Abuse Statistics. https://drugabusestatistics.org/

[115] National Institute on Alcohol Abuse and Alcoholism. (2005). Module 10F: Immigrants, refugees, and alcohol. In NIAAA: Social work educationfor the prevention and treatment of alcohol use disorders (NIH publication). Washington, D. C.

[116] Alhashimi FH, Khabour OF, Alzoubi KH, Al-Shatnawi SF. Attitudes and beliefs related to reporting alcohol consumption in research studies: a case from Jordan. Pragmatic and Observational Research. 2018; 9:55-61.

[117] Caetano R. Clark CL, Tam T. Alcohol consumption among racial/ ethnic minorities:Theory and research. Journal of Alcohol, Health, and Research. 1998 22 (4): 233–241.

[118] Vamsi K. Koneru, Amy G. Weismande Mamani, Patricia M. Flynn, Hector Betancourt Acculturation and mental health: Current findings and recommendations for future research, Applied and Preventive Psychology 12 2007 76–96.

[119] National Institute on Alcohol Abuse and Alcoholism. Module 10F: Immigrants, refugees, and alcohol. In Social work education for theprevention and treatment of alcohol use disorders. Washington, D. C. https://slideplayer.com/slide/3841167/

[120] Murray, K. & Parisi, T. Addiction and Refugees and Immigrants. Addiction Center. March 2, 2020. https://www.addictioncenter.com/addiction/refugees-immigrants/

[121] Odenwald M. Al'Absi M. Khatuse and related addiction, mental health and physical disorders: the need to address a growing risk. Eastern Mediterranean Health Journal 2017 23(3):236-244.

[122] Manghi, R, Broers, B. Khan, R. Benguettat, D. Khazaal, Y. Zullino, DF. Khat use: lifestyle or addiction. Journal of Psychoactive Drugs. 200941(1):1–10.

[123] Katselou M, Papoutsis I, Nikolaou P, Qammaz S, Spiliopoulou C, Athanaselis S. Fenethylline (Captagon) Abuse—Local Problems from an Old Drug Become Universal. Basic & Clinical Pharmacology & Toxicology. 2016 Aug; 119(2):133-40.

[124] Crocq MA. Historical and cultural aspects of man's relationship with addictive drugs. Dialogues in Clinical Neuroscience. 20079(4):355-361.

[125] National Institute on Drug Abuse. Overdose Death Rates. https://www.drugabuse.gov/drug-topics/trends-statistics/overdose-death-rates

[126] World Health Organization, Fact Sheet, Opioid overdose. https://www.who.int/news-room/fact-sheets/detail/opioid-overdose

[127] KocamerŞimşek B, Dokur M, Uysal E, Çalıker N, Gökçe ON, Deniz İK, Uğur M, Geyik M, Kaya M, Dağlı G. Characteristics of the injuries of Syrian refugees sustained during the civil war. Ulusal travma ve acilcerrahidergisi. (Turkish Journal of Trauma & Emergency Surgery) 2017 May; 23(3): 199-206.

[128] Bartovic J. Injuries and violence in migrants and refugees as a major health challenge, European Journal of Public Health, Volume 30, Issue Supplement 5, September 2020, ckaa165. 132.

[129] Moyce SC, Schenker M. Occupational Exposures and Health Outcomes Among Immigrants in the USA. Current Environmental Health Reports. 2017 Sep; 4(3):349-354.

[130] Dragioti E, Tsamakis K, Larsson B, Gerdle B. Predictive association between immigration status and chronic pain in the general population: results from the SwePain cohort. BMC Public Health. 2020 Sep29; 20(1):1462.

[131] Solecki, Susan, and Renee Turchi. Pharming: pill parties can be deadly for teens. Contemporary Pediatrics. https://www.contemporarypediatrics.com/view/pharming-pill-parties-can-be-deadly-teens

[132] World Health Organization. Suicide Data. https://www.who.int/teams/mental-health-and-substance-use/suicide-data

[133] Schwartz A. College Students Suicide in the United States:1990-1991 Through 2003-2004. Journal of American Health. 2006 54 (6): 341–352

134 Sally C. Curtin SC, Margaret Warner M. Holly Hedegaard, H. Increase in suicide in the United States, 1999–2014 NCHS Data Brief April 2016 https://stacks. cdc.gov/view/cdc/39008

135 Puzo Q, Mehlum, L, QinP. Rates and characteristics of suicide by immigration background and Norway. PLOS ONE September 28, 2018. https://journals.plos.org/plosone/article?id=10.1371/journal.pone.0205035

136 Brennecke G, Stoeber FS, Kettner M, etal. Suicide among immigrants in Germany. Journal of Affective Disorders. 2020 Sep; 274:435-443.

137 Khan F, Waheed W. Suicide and self-harm in South Asian immigrants (Review), Psychiatry, 20098(7):261-264.

138 Hedna K, Hensing G, Skoog I, Fastbom J, Waern M. Socio demographic and gender determinants of late-life suicide in users and non-users of anti depressants. European Journal of Public Health. 2020; 30(5):958-964.

139 Kubista MG. Higher suicide risk among older immigrants with untreated depression. Medical Xpress: Psychology & Psychiatry October2020. https://medicalxpress.com/news/2020-10-higher-suicide-older-immigrants-untreated.html

140 Fortuna LR, Álvarez K, Ramos Ortiz Z, et al. Mental health, migration stressors and suicidal ideation among Latino immigrants in Spain and theUnited States. EuropeanPsychiatry. 201636:15-22.

141 Wilkowski BM, Robinson MD. The anatomy of anger: an integrative cognitive model of traitanger and reactive aggression. Journal of Personality. 2010 Feb; 78(1):9-38.

142 Davis, B. What are the threety pesofanger? MV Organizing. 09/06/2020. https://www.mvorganizing.org/what-are-the-three-types-of-anger/

143 Mc Kay M & Rogers P. The anger control workbook. (2000) Oakland, CA: New Harbinger Publications Inc.

144 US Department of Veterans Affairs, National Centerfor
    PTSD. Anger and Trauma. https://www.ptsd.va.gov/
    understand/related/anger.asp

145 Massimo LM, Bazzari M, Caprino D. Severe side effects of
    health migration:stressandanger. MinervaPediatrica. 2012
    Dec; 64(6):649-54.

146 Yanar B, Kosny A, Smith PM. Occupational Health and
    Safety Vulnerability of Recent Immigrants and Refugees.
    International Journal of Environmental Research and Public
    Health. 2018 Sep 14; 15(9):2004.

147 Zoni AC, Domínguez-Berjón MF, Esteban-Vasallo MD,
    Velázquez- Buendía LM, Blaya-Nováková V, Regidor E.
    Injuries Among Immigrants Treated in Primary Care in
    Madrid, Spain. Journal of Immigrant and Minor Health.
    2018 Apr; 20(2):456-464.

148 Chang J, Miller DP. Injuries Among School-aged Children
    of Immigrants. Journal of Immigrant and Minor Health.
    2018 Aug; 20(4):841-847

149 Dias J, Echeverria S, Mayer V, Janevic T. Diabetes Risk and
    Control in Multi-ethnic US Immigrant Populations. Current
    Diabetes Reports. 2020 Nov 20; 20(12):73.

150 Zilliox LA. Neuropathic Pain. Continuum (Minneap Minn).
    2017 Apr; 23(2, Selected Topics in Outpatient
    Neurology:512-532.

151 Bottom Line's Health Breakth roughs2020. Bottom Line,
    Inc.

152 Chen Y, Mo F, Yi Q, Morrison H, Mao Y. Association
    between mental health and fall injury in Canadian
    immigrants and non-immigrants. Accident Analysis &
    Prevention. 2013Oct; 59:221-6.

153 Lumley MA, Cohen JL, Borszcz GS, Cano A, Radcliffe
    AM, Porter LS, Schubiner H, Keefe FJ. Pain and Emotion:
    A Biopsychosocial Review of Recent Research. Journal of
    Clinical Psychology. 2011; 67(9):942-968.

154 Perlis ML, Jungquist C Smith MT, Posner, D. Cognitive-Behavioral Treatment of Insomnia A Session by Session Guide. New York NY: Springer.

155 Rasch B, Born J. About sleep's role in memory. Physiological Review. 2013 Apr; 93(2):681-766.

156 Sleep and Sleep Disorders, Center for Disease Control and Prevention. https://www.cdc.gov/sleep/index.html

157 Science of Sleep, Time Special Edition; 2020.

158 Pronk A, Ji BT, Shu XO, Xue S, Yang G, Li HL, Rothman N, Gao YT, Zheng W, Chow WH. Night-shift work and breast cancer risk in a cohort of Chinese women. American Journal of Epidemiology. 2010 May 1; 171(9):953-959.

159 Yuan X, Zhu C, Wang M, Mo F, Du W, Ma X. Night Shift Work Increases the Risks of Multiple Primary Cancers in Women: A Systematic Review and Meta-analysis of 61 Articles. Cancer Epidemiology Biomarkers and Prevention. 2018 Jan; 27(1):25-40.

160 Vetter C, Devore EE, Wegrzyn LR, Massa J, Speizer FE, Kawachi I, Rosner B, Stampfer MJ, Schernhammer ES. Association Between Rotating Night Shift Work and Risk of Coronary Heart Disease Among Women. JAMA. 2016 Apr 26; 315(16):1726-34.

161 Institute of Medicine. (2002). Unequal treatment: Confronting racial and ethnic disparities in health care. Washington, DC: NationalAcademy Press.

162 American Psychiatric Association Fact Sheet: Mental Health Disparities: Hispanics and Latinos. https://www.psychiatry.org/psychiatrists/cultural-competency/education/hispanic-patients

163 Alemi Q, Mefom E, Montgomery S, Koga PM, Stempel C, Reimann JOF. Acculturative stress, stigma, and mental health challenges: emic perspectives from Somali young adults in San Diego county's 'Little Mogadishu'. Ethnicity & Health. 2021 13:1-17.

164   Kroening ALH, Dawson-Hahn E. Health Considerations for Immigrant and Refugee Children. Advances in Pediatrics. 2019 Aug; 66:87-110.

165   Reimann JOF, Talavera GA, Salmon M, Nuñez J, Velasquez RJ. Cultural competence among physicians treating Mexican Americans who have diabetes: A structural model. Social Science & Medicine. 200459:2195-2205.

166   US Health & Human Services, Office of Minority Health. The National CLAS Standards. https://minorityhealth. hhs. gov/omh/browse.aspx?lvl=2&lvlid=53

167   Singh NN, Mc Kay, JD, Singh, AN. The need for cultural brokers in mental health services Journal of Childand Family Studies. 19998(1):1-10.

168   Mews C, Schuster S, Vajda C, et al. Cultural Competence and Global Health: Perspectives for Medical Education— Position paper of the GMA Committee on Cultural Competence and Global Health. GMS Journal for Medical Education. 2018 35(3):1-17.

169   Dyches C, Haynes-Ferere A, Haynes T. Fostering Cultural Competence in Nursing Students Through International Service Immersion Experiences. Journal of Christian Nursing. 2019 Apr/Jun; 36(2):E29-E35.

170   Larson KL, Ott M, Miles JM. International cultur alimmersion: envivo reflections in cultural competence. Journal of Cultural Diversity. 2010 Summer; 17(2):44-50.

171   Birman D, Beehler S, Harris EM, Everson ML, Batia K, Liautaud J, Frazier S, Atkins M, Blanton S, Buwalda J, Fogg L, Cappella E. International Family, Adult, and Child Enhancement Services (FACES): a community-based comprehensive services model for refugee children in resettlement. American Journal of Orthopsychiatry. 2008 Jan; 78(1):121-32.

172   Giddings LS & Grant BM. Mixed methods research for the novice researcher. Contemporary Nurse, 2006 23:3-11.

173 Reimann JOF, Rodríguez-Reimann DI. (2010) Community based health needs assessments with culturally distinct populations. In A. Pelham &E. Sills (Eds.) Promoting Health & Wellness in Underserved Communities: Multi disciplinary Perspectives through Service Learning Series (pp. 82-100), Sterling, VA: Stylus Publishing.

174 Arnetz J, Rofa Y, Arnetz B, Ventimiglia M, Jamil H. Resilienceasa protective factor against the development of psychopathology among refugees. Journal of Nervous and Mental Disease. 2013; 201(3):167–72.

175 Pargament, KI, &Cummings J. Anchored by faith: Religion as a resilience factor. In JW Reich, AJ Zautra, & JS Hall (Eds.), Hand book of adult resilience 2010 (pp. 193–210). New York, NY: The Guilford Press.

176 Ng F. The interface between religion and psychosis. Australasian Psychiatry. 2007 Feb; 15(1):62-6.

177 Grover S, Davuluri T, Chakrabarti S. Religion, spirituality, and schizophrenia: a review. Indian Journal of Psychological Medicine. 201436(2):119-124.

178 Abu-Ras W, Gheith A, Cournos F, The Imam's Role in Mental Health Promotion:A Study at 22 Mosquesin New York City's Muslim Community, Journal of Muslim Mental Health, 2008 3(2):155-176.

179 Heseltine-Carp W, Hoskins M. Clergy as a front line mental health service: a UK survey of medical practitioners and clergy. General Psychiatry. 2020 Oct 23; 33(6):e100229.

180 Marsh HW. Causal ordering of academic self-concept and academic achievement: Amultiwave, longitudinal path analysis. Journal of Educational Psychology. 1990 82 (4): 646–656.

181 Glasser, W. Reality Therapy: A new Approach to Psychiatry, 1975, New York NY: Harper Perennial

182 Orth U. Robbins RW. The development of self-esteem. Current Directions in Psychological Science. 2014 23 (5): 381–87.

183   Shiraldi, GR. The Self Esteem Workbook (A New Harbinger Self-Help Workbook) 2016 Oakland, CA: New Harbinger Publications

184   Mayo Clinic. Self-esteem: Take steps to feel better about yourself.   https://www.mayoclinic.org/healthy-lifestyle/adult-health/in-depth/self-esteem/art-20045374

185   Learning Mind: The Philosophy of Learning and Educational Success According to John Dewey. https://www.learning-mind.com/the-philosophy-of-learning-and-educational-success/

186   Fact Sheet son the European Union, The Treaty of Lisbon. https:// www.europarl.europa.eu/factsheets/en/sheet/5/the-treaty-of-lisbon

187   UK Nationality, Immigration and Asylum Act. https://www.legislation.gov.uk/ukpga/2002/41/contents

188   Baessler, F, Riese, F, Pintoda Costa M, de Picker L, Kazakova, O, Kanellopoulos A, Grassl R, Gargot T, European Federation of Psychiatric Trainees, & Casanova Dias, M. (2015). Becoming a psychiatrist in Europe: the title is recognized across the European Union, but what are the differences in training, salary and working hours? World Psychiatry. 2015; 14(3):372-373.

189   Azar B. International practitioners: What does it take to practice psychology abroad? Cultural competence is always in demand; educational requirements vary widely. grad PSYCH, American Psychological Association. 2009 3, Page 38. https://www.apa.org/gradpsych/2009/03/cover-abroad

190   Smith Bailey D. Beyond our borders, A meeting of NorthAmerican psychologists high lights international changes in professional psychology. American Psychological Association Monitor. July/August 200435(7): page 58. https://www.apa.org/monitor/julaug04/beyond

191   Roediger HL, Rushton JP, Capaldi ED, Paris SG. Psychology. 1984. Boston, MA, Little Brown.

[192] Flückiger C, Del Re AC, Wampold BE, Horvath AO. The alliance in adult psychotherapy: A meta-analytic synthesis. Psychotherapy (Chic). 2018 Dec; 55(4):316-340.

[193] Tiroshben-Ari A. Alternative modalities of help with socio-political and ethnic minorities: Self-help Arabs living in Israel.community Mental health Journal, 200137; 245-259.

[194] Lijtmaer RM. Variations on the Migratory Theme: Immigrants or Exiles, Refugees or Asylees. Psychoanalytic Review. 2017 Dec; 104(6):687-694.

[195] Muller FJ. Psychotherapy in Argentina: The oretical orientation and clinical practice. Journal of Psychotherapy Integration. 200818, 410-420.

[196] Sanchez-Sosa, JJ. Psychotherapy in Mexico: Practice, training, and regulation. Journal of Clinical Psychology: In Session. 200763, 765-771.

[197] Moreno JL & Moreno ZT. Psychodrama—Third Volume, Morrisville, North Carolina: Lulu Press, Inc.

[198] Kamışlı S, Gökler B. Adjustment to life with metastatic cancer through psychodrama group therapy: A qualitative study in Turkey. Perspectives in Psychiatric Care. 2021 Apr; 57(2):488-498.

[199] López-González MA, Morales-Landazábal P, Topa G. Psychodrama Group Therapy for Social Issues: A Systematic Review of Controlled Clinical Trials. International Journal of Environmental Research and Public Health. 2021 Apr 22; 18(9):4442.

[200] Hettema J, Steele J, Miller WR. Motivational interviewing. Annual Review of Clinical Psychology. 2005; 1:91-111.

[201] Bahafzallah L, Hayden KA, Raffin Bouchal S, Singh P, King-Shier KM. Motivational Interviewing in Ethnic Populations. Journal of Immigrant and Minority Health. 2020 Aug; 22(4):816-851.

[202] Beck, AT (1967). The diagnosis and management of depression. Philadelphia, PA: University of Pennsylvania Press.

203 Gautam M, Tripathi A, Deshmukh D, Gaur M. Cognitive Behavioral Therapy for Depression. Indian Journal of Psychiatry. 2020 62(Suppl2): S223-S229.

204 Bandelow B, Reitt M, Röver C, Michaelis S, Görlich Y, Wedekind D. Efficacy of treatments for anxiety disorders: a meta-analysis. International Clinical Psychopharmacology. 2015 Jul; 30(4):183-92.

205 Weiss BJ, Singh JS, Hope DA. Cognitive-Behavioral Therapy for Immigrants Presenting With Social Anxiety Disorder: Two Case Studies. Clinical Case Studies. 2011 Aug; 10(4):324-342.

206 Chapman AL. Dialectical behavior therapy: current indications andunique elements. Psychiatry (Edgmont). 2006 3(9):62-68.

207 Linehan MM. Building a life worth living: a memoir. 2020. New York, NY: Random House.

208 ShapiroF. Eyemovement desensitization and reprocessing: Basic principles, protocols and procedures (2nd edition). 2001. New York: Guilford Press.

209 Shapiro F & Forrest MS. EMDR: The Breakth rough Therapy for Overcoming Anxiety, Stress, andTrauma. 2016. New York, NY: Basic Books.

210 World Health Organization. Guidelines for the Management of Conditions Specifically Related to Stress. https://apps. who.int/iris/bitstream/handle/10665/85119/ 9789241505406_eng.pdf; jsessionid=877EBBBE040C23C2 378F95EE18EA5A19? sequence=1

211 Mindful: healthy mind, healthy life. https://www.mindful. org/

212 Kabat-Zinn J. Full Catastrophe Living: Using the Wisdom of Your Body and Mind to Face Stress, Pain, and Illness. 1990. New York, NY: Dell Publishing.

213 David Burns(1999). "Introduction". Feeling Good.pp.pxvi– xxxii.

[214] Smith, N. M.; Floyd, M. R.; Jamison, C. & Scogin, F. (1997). Three year follow up of bibliotherapy for depression. Journal of Consulting and Clinical Psychology. 65 (2): 324–32.

[215] Burke MJ, Fried PJ, Pascual-Leone A. Transcranial magnetic stimulation: Neurophysiological and clinical applications. Handbook of Clinical Neurology. 2019163:73-92.

[216] Beardsley RS, Gardocki GJ, Larson DB, Hidalgo J. Prescribing of psychotropic medication by primary care physicians and psychiatrists. Archives of General Psychiatry. 1988 Dec; 45(12):1117-9.

[217] Mintz D. combining Drug Therapy and Psychotherapy for Depression. Psychiatric Times Volume 23, Issue 11. https://www.psychiatrictimes.com/view/combining-drug-therapy-and-psychotherapy-depression

[218] Lingford-Hughes AR, Welch S, Peters L, Nutt DJ. BAP updated guidelines: evidence-based guidelines for the pharmacological management of substance abuse, harmful use, addictionand comorbidity: recommendations from BAP. Journal of Psychopharmacology. 2012 26(7): 899–952.

[219] Hogue A, Henderson CE, Ozechowski TJ, Robbins MS. Evidence base on out patient behavior altreatments for adolescent substance use: updates and recommendations 2007–2013. Journal of Clinical Child and Adolescent Psychology. 2014 43 (5): 695–720.

[220] Current Pharmacological Treatment Available for Alcohol Abuse. The California Evidence-Based Clearing house. 2006–2013.

[221] Fischer B, Oviedo-Joekes E, Blanken P, Haasen C, Rehm J, Schechter M, T, Strang J, & vanden Brink W. Heroin-assisted treatment (HAT) a decade later: a brief update on science and politics. Journal of Urban Health. 2007 84(4):552-562.

[222] "Drogentote" Swiss Health Observatory. https://www.obsan.admin.ch/de/indikatoren/MonAM/drogentote

223 Heine, S. J. (2011). Cultural Psychology. New York: W. W. Norton & Company.

224 Fiske, A.; Kitayama, S.; Markus, H. R.; &Nisbett, R. E. (1998). The cultural matrix of social psychology. In D. Gilbert & S. Fiske & G. Lindzey (Eds.), The Handbook of Social Psychology (4th ed., pp. 915–81). San Francisco: Mc Graw-Hill.

225 Markus, H. R.; Kitayama, S. (2003). "Culture, Self, and the Reality of the Social". Psychological Inquiry. 14(3):277–83.

226 Kumaraswamy, N. (2007). Psychotherapy in Brunei Darussalam. Journal of Clinical Psychology: In Session, 63, 735-744.

227 Twenge JM, Joiner TE. U.S. Census Bureau-assessed prevalence of anxiety and depressive symptomsin 2019 and during the 2020 COVID-19 pandemic. Depression and Anxiety. 2020; (37)10:947-1059.

228 Mental Health America. COVID-19 and Mental Health: What We Are Learning, September 1, 2020. https://www.mhanational.org/nearly-390000-excess-depression-and-anxiety-screenings-start-pandemic-   according-mental-health

229 Liem A, Natari RB, Jimmy, Hall BJ. Digital Health Applications in Mental health Care for Immigrants and Refugees: A Rapid Review. Telemedicine Journal and E-health. 2021 Jan; 27(1):3-16.

230 Koç V, Kafa G. Cross-Cultural Researchon Psycho therapy: The Need for a Change. Journal of Cross-Cultural Psychology. 201950(1):100–115.

231 Caballo VE, Irurtia MJ. Analysis of a clinical case from a Spanish perspective. Journal of Clinical Psychology: In Session. 200763:777-784.

232 Kavanagh DJ, Littlefield L, Dooley, R, O'Donovan A. Psychotherapy in Australia: Clinical Psychology and its approach to depression. Journal of Clinical Psychology: In Session. 2007 63:725-733.

233 Bilican, FI, Soygut-Pekak, G. Professional development processes of trainee and experienced psychotherapists in Turkey. Turkish Journal of Psychiatry. 2015 26:249-260.

234 Danylchuk L. What Do EMDR, Running, and Drumming Have in Common? Good Therapy. September1, 2015. https://www.goodtherapy.org/blog/what-do-emdr-running-and-drumming-have-in-common-0901154

235 Saxon V, Mukherjee D, Thomas DJ. Behavioral Health Crisis Stabilization Centers: A New Normal. Journal of Mental Health and Clinical Psychology. 20182(3):23-26.

236 Lloyd-Evans B, Slade M, Jagielska D, Johnson S. Residential alternatives to acute psychiatric hospital admission: systematic review. British Journal of Psychiatry. 2009 Aug; 195(2):109-17.

237 SAMHSA National Guidelines for Behavioral Health Crisis Care—A Best Practice Toolkit. https://www.samhsa.gov/sites/default/files/national-guidelines-for-behavioral-health-crisis-care-02242020.pdf

238 Arain M, Haque M, Johal L, Mathur P, Nel W, Rais A, Sandhu R, Sharma, S. Maturation of the adolescent brain. Neuropsychiatric Disease and Treatment. 20139: 449-461.

مفاهيم المهاجر:

مسارات حياة الاندماج

دكتور واكيم ريمان
دكتورة دلوريس ودريس ريمان

الكتاب 1 في سلسلة: خطوات نحو الرخاء

الكتاب الأول في هذه السلسلة يقدم للقراء نظرة عامة على التحولات المهنية والعاطفية والصحة البدنية والتكيف الثقافي وتعزيز الصمود وما يتصل بذلك من كثيرا مما يسعى له المهاجر ثم يصبح اقتراحات عملية حول كيفية نجاحهم في بلدانهم الجديدة.

شكر وتقدير

لكل الذين ساهموا في اخراج هذا الكتاب: ساعدتنا المحررة لزلي شوارتز بأسألتها المهمة التي لفتت انتباهنا ولم نفكر بها حول موضوع الكتاب. و نشعر كذلك بالامتنان للسيد ديفيد ووغان لاتخاذه من لإجراءاته العديدة المتعلقة في اخراج و نشر.الكتاب و نود أيضا أن نعترف بفضل الأصدقاء و الزملاء الذين عملنا معهم في مشاريع مختلفة مع مرور الوقت.ومن هؤلاء الدكتور فؤاد بيلوني والدكتور محبوب غلام والسيدة ماريا ايلينا باتينو والسيدة عايدة عمارو كذلك عملنا مع أعيان جاليات شرق إفريقية, ولا سيما السيد أحمد سهيد، رئيس ومدير تنفيذي لخدمات الأسرة الصومالية في سان دييغو و السيد عبدي محمد, الرئيس والمدير التنفيذي لمنظمة منطقة هورنوف أفريقيا.و نشكر العديد من المرضى و المراجعين الذين عانوا معنا صعوبات وأنماط الحياة على مر السنين. ويجب عدم ذكر أسمائهم, لكن تجاربهم تشكل صميم و محتوى هذا الكتاب ورغبتنا في كتابته.

عن المؤلفين

دكتورو اكيم جوريمان ولد في برلين، ألمانيا. هاجرت عائلته إلى الولايات المتحدة عندما كان عمره 10 سنوات. وهو في الوقت الحاضر طبيب نفسي إكلينيكي ورئيس مجموعة إعادة توطين وتقييم المهاجرين. لديه تاريخ طويل في العمل مع مجتمعات المهاجرين

وهو رئيس مجلس إدارة سابق لخدمات الأسرة الصومالية في سان دييغو. في الماضي, أدار يواكيم أيضًا وحدة الفحص الطارئ للصحة السلوكية في مقاطعة سان دييغو وخدمة الطب الشرعي للأحداث. أثناء عضويته سابقًا في هيئة التدريس المساعدة في كلية الدراسات العليا للصحة العامة بجامعة ولاية سان دييغو, تلقى واكيم منحًا دعمًا من مكتب صحة الأقليات بالولايات المتحدة, والمركز الوطني للفوارق الصحية للأقليات و مراكز الامتياز الهيسبانية. نُشر بحثه في مجلة علم النفس السريري, والتقارير النفسية, والعلوم الاجتماعية والطب، والعرق والصحة, ومنافذ أخرى. بالإضافة إلى التركيز السريري، تخصص الدكتوراه لواكيم في مجال علم النفس التنظيمي. وبالتالي فقد كان جزءًا من العديد من مشاريع تطوير القوى العاملة وشغل مناصب إدارية على مدار حياته المهنية

دكتورة دلورس ردريغز ريمان ولدت في بيدراس نيغراس بالمكسيك. هاجرت عائلتها إلى الولايات المتحدة عندما كانت في الخامسة عشرة من عمرها, وهي طبيبة نفسية ثنائية اللغة و الثقافة (إنكليزية/ اسبانية), وقد عملت دولوريس مع مجموعات المهاجرين واللاجئين لسنوات عديدة. وفي مواقع محددة تشمل الممارسة السريرية الخاصة و سابقا في الخدمات التعاقدية مع جمعية Torture of Survivor International، والأبحاث الممولة. في الوقت الحاضر, دولوريس هي مديرة تنفيذية مع مجموعة إعادة توطين المهاجرين وتقييمهم, وبينما كانت عضوا مساعدًا في هيئة التدريس في كلية الدراسات العليا للصحة العامة بجامعة ولاية سان دييغو, تلقت دعمًا بالمنح والعقود من خلال المعهد الوطني للقلب والرئة والدم (NHLBI), والمعهد الوطني للسرطان (NCI), والمكتب الأمريكي لصحة الأقليات. تم نشر بحثها حول التثاقف والقضايا ذات الصلة في Ethnicity & Disease Journal of Immigrant Health. و شغلت دولوريس أيضًا خلال حياتها العديد من المناصب القيادية التنظيمية

فهرس المحتويات